KB264531

생명과 평화의 눈으로 읽는 성서 1

오경_야훼 신앙의 맥

지은이　　김경호
초판1쇄　　2017년 6월 4일

펴낸이　　배용하
본문디자인　　윤순하
등록　　제364-2008-000013호
펴낸곳　　도서출판 대장간
　　　　www.daejanggan.org
등록한곳　　대전광역시 동구 우암로 75-21
편집부　　전화 (042) 673-7424
영업부　　전화 (042) 673-7424　전송 (042) 623-1424

분류　　기독교 | 신학 | 구약
ISBN　　978-89-7071-418-9　04230
　　　　978-89-7071-417-2　04230(세트)

값 12,000원

생명과 평화의 눈으로 읽는 성서 1

오 경

야훼 신앙의 맥

김경호 지음

오늘날의 한국교회에서 유행하는 성경공부는 이른바 '큐티'입니다. 그러나 이 방식으로 진행하는 공부는 성경을 지나치게 자의적으로 해석하기 쉽습니다. 본문에 과도한 뜻을 부여하다 보니 "본래 그 말씀에 그런 뜻이 있었나?" 싶을 정도로 그 의미가 확대되기도 하고 때로 본문과는 전혀 다른 의미로 바뀌기도 합니다. 이렇게 되면 어떤 본문에서든 해석이 전체적으로 유사해지는 현상이 생깁니다. 결국에는 해석자 개인의 문제가 투영되고 반복되기 때문입니다. 그러다 보면 서로 다른 맥락의 성서 본문들도 모두 자기 식으로 해석해 버리며 자신의 세계를 성서 안에 투입하게 됩니다. 그런 다음에는 성서의 권위를 빌어서 자신의 해석을 마치 성서가 그렇게 말하는 것인 양 이야기하고, 정당화시키는 것입니다. 이러한 경향을 요즘은 성서도구주의라고 부르기도 합니다. 그러나 이것은 성서해석에서 중대한 오류를 낳습니다. 큐티를 비롯하여 한국교회에서의 성서해석의 90% 이상을 차지하는 이른바 '영감(靈感)에 의한 성서해석'은 이러한 방법론적 오류를 벗어나기 어렵습니다.

그럼에도 불구하고 큐티 방식의 성서연구는 우리의 생활 깊숙한 곳에 성서 본문을 가져온다는 장점이 있습니다. 하지만 성서를 통해 우리가 얻는 메시지는 그렇게 해석해야만 하는 정당성을 가져야 합니다. 홀로 묵상을 할지라도 그 본문이 말하는 메시지의 올바른 방향과 토대 위에 있어야 합니다. 제멋대로 노를 저어서 배가 산으로 가게 하는 것은 곤란합니다. 그것은 자신의 뜻을 하나님의 뜻으로 합리화시키는 잘못을 범하기 때문입니다.

물론 성서를 해석할 때 주관성을 완전히 배제하고 객관적으로 바라본다는 것은 상당히 어려운 일입니다. 그래서 서구에서는 성서신학이 수백 년 동안 발달해 왔습니다. 이 역사는 균형 잡힌 성서해석을 위한 과정인 셈입니다. 성서신학은 객관적이고 타당하게 성서를 해석할 수 있는 여러 가지 과학적 혹은 학문적 방법론을 계발해 왔습니다. 이 교재는 그러한 성서해석 방법론들을 동원할 것입니다. 그리하여 성서 속 말씀들을 그것이 생겨난 역사 배경과 사회경제 배경 속에서 이해할 것입니다. 또한 최근의 고고학적 발굴들과 연구결과들, 고대 근동의 유사한 문서와 비교하는 종교사적인 연구방법들, 성서 안의 자료들을 문헌적으로 정밀하게 비교하고 분석해 나가는 역사 비평적 연구 방법 등 최근까지 이어진 성서신학의 연구 성과들을 활용할 것입니다.

이러한 성서연구는 필자가 향린교회, 강남향린교회, 들꽃향린교회로 이어지는 30여 년 동안의 목회 활동과 성서연구 세미나를 통해 얻은 것입니다. 그리고 한국기독교장로회 총회교육원에서 목회자 재교육 과정으로 운영하는 목회신학대학원과 여전도사를 양성하는 목회신학대학 과정에서 구약학 강의를 하면서 얻은 결과물들입니다. 들꽃향린교회에서는 이를 문서화해서 구약성서 40강좌, 신약성서 40강좌로 이어지는 총 80주간, 즉 2년에 걸친 평신도 성서교육 과정을 운영하고 있습니다. 구약성서는 오경, 역사서, 예언서, 성문서를 5권으로 나누어 발행할 예정이며, 신약성서도 예수와 복음서, 바울과 기타 서신을 4권으로 나누어 발간할 생각입니다.

전체 시리즈의 제목을 '생명과 평화의 눈으로 보는 성서'라고 하였습니다. 이것은 하나의 선입견을 가지고 성서를 보겠다는 뜻이 아닙니다.

오히려 성서 자체가 이러한 치열한 삶의 고백들이라는 뜻입니다. 하나님에 대한 이야기는 역사와 자연의 도전 앞에 선 인간들이 자신들의 생존을 위한 깊은 투쟁의 고백들을 쏟아내는 것입니다. 그리하여 자연과 인간의 최대 화두인 '생명'과 삶의 필수 조건인 '평화'라는 두 사회적 주제를 성서가 증거하는 핵심 가치로 본 것입니다.

현행의 성서공부 교재는 대부분 교리사적인 틀에 꿰어져 맞추는 식으로 만들어졌습니다. 많은 사람들이 성서와 기독교를 "죄→구원" 같은 간단한 공식으로 설명하려 합니다. 이 때문에 사람들은 성서를 단지 한 가지 사상만 있는 책으로 오해하기도 하고, 또는 성서를 단순화된 교리를 강요하는 평면적인 책으로 오해하기도 합니다. 그러나 사실 성서는 긴 역사를 통해 일어난 삶의 치열하고 다양한 역사를 담고 있으며, 그 시대를 살아가는 사람들의 호소와 외침들이 녹아 있는 책입니다. 그 하나하나가 갖는 다양한 패러다임과 역동성은 오늘 우리들이 살아가는 사회의 문제를 예시하고 또 조명해 줍니다. 그리고 그러한 예시와 조명을 통해 오늘 우리가 처한 역사 속에서 야훼 하나님의 분명하신 섭리와 경륜의 방향을 볼 수 있게 해줍니다. 이처럼 성서는 역사의 과정 속에 나타났던 사상, 철학, 문학의 다양한 패러다임을 포함하고 있을 뿐 아니라, 세상의 역사를 운영하시는 하나님의 뜻과 그를 따라 기꺼이 목숨까지도 바치는 인간의 신앙적 응답을 풍부하게 담고 있는 인류 최고의 걸작품입니다. 그런데 이렇게 다양하고 역동적인 성서를 단 하나의 교리로 뭉뚱그려 단순화하거나, 그 역동적인 생명력을 사장시키는 것은 참으로 안타까운 일입니다.

이 책은 성서신학의 전문적인 내용들을 누구나 이해할 수 있는 쉬운 언어로 쓰고자 노력했습니다. 그리고 성서본문을 통해서 신학적 사고

들을 전개해 나가기에 신학을 모르는 사람들도 쉽게 접근할 수 있도록 하였습니다. 아무쪼록 이 책이 한국교회를 갱신하는 데 작은 보탬이 되기를 바랍니다.

강남향린교회와 거기에서 분가한 들꽃향린교회의 교우들은 대부분 이 책의 내용을 공부하는 성서학당을 통해서 우리의 가족이 되신 분들입니다. 이 분들 중에서 상당수는 성서문자주의에 매인 근본주의 신앙을 가진 분들이었거나, 기독교를 처음으로 대하는 초신자들이었습니다. 대체로 초신자들은 이런 식의 성서연구를 아주 새롭게 받아들이지만, 근본주의 신앙을 가진 분들은 학당이 진행되고 있는 동안 필자와 심하게 논쟁을 하기도 합니다. 그래도 이제까지 자신들이 성서를 읽던 방식과는 전혀 다른 방법론으로 진행해 나가기에 싸우는 과정 속에서도 계속 논의에 참여합니다. 어떤 분은 자동차로 몇 시간씩 걸리는 지방에 살면서도 빠지지 않고 성서학당의 모임에 개근합니다. 그러는 동안 그분들의 생각이 점차 변화하면서 저는 그분들이 그 어느 누구보다도 분명하고 힘 있는 실천력을 가진 교우들이 되는 것을 직접 경험하였습니다.

이런 교재가 나올 수 있는 것은 이런 성서연구를 수용하고 열린 마음으로 함께 토론할 수 있는 건강한 공동체가 있기에 가능했습니다. 한국교회의 신도들은 매우 훌륭합니다. 그들은 참다운 신앙에 관해서라면 언제든지 모든 것을 내어놓은 채 헌신할 수 있는 마음의 준비를 갖추고 있습니다. 그러나 한국교회를 이끄는 지도자들이 자기 욕심대로 복음을 왜곡시키기에 오늘날의 한국교회는 이 모양이 되고 말았습니다. 그러나 이 교재는 그렇게 왜곡된 시각을 용납하지 않을 것입니다. 이 책은 꾸준히 생각하게 하며 각자 본문이 형성된 자리와 만나게 도와

줄 것입니다. 그러다보면 결국 성서기자들이 가졌던 처음마음, 뜨거운 마음들을 만날 수 있을 것입니다.

이 교재는 상당히 진보적인 내용으로 구성되어 있지만 그것보다 중요한 강조점은 바로 우리가 확장해 가야 할 공동체성을 살리는 데 목표를 두고 있습니다. 현실의 기독교가 모순이 많은 것은 사실이나 아무 대안도 없이 섣부르게 기독교 신앙과 교회를 폄하하는 독설을 퍼붓는 것은 무책임합니다. 깊은 애정을 가지고 건강한 신앙, 건강한 교회로 재건하여 나가도록 돕는 데 힘써야 할 것입니다. 개개인이 가진 좋은 의지들을 모아서 공동의 힘으로 함께 이루어 가는 공동체가 교회입니다. 그렇게 함으로써 교회는 오늘날 살아계신 그리스도의 몸을 이루며 증언해 나갈 수 있습니다.

이 교재를 공부하는 분들이 막연한 관념 속에서가 아니라 좀 더 역사적이고 실증적인 자료들을 통해 야훼 하나님과 예수를 만날 수 있기를 또한 바랍니다. 이 교재가 지금 목표의 상실, 도덕성의 상실로 휘청거리고 있는 한국교회에게 새롭게 갱신해 나갈 수 있는 성서적 근거를 세워주고 우리 역사를 바로 세울 수 있는 동력이 되어주기를 간절히 바랍니다.

각 과의 내용을 진행하여 읽어나갈 때 처음 또는 중간에 "미리 살펴보기"의 문제들이 던져질 것입니다. 이 부분에서는 반드시 성서를 직접 찾아보고 잠시 서로의 의견을 나누는 시간을 갖기를 바랍니다. 이 책에는 새번역 성서를 토대로 인용 본문을 명시했습니다만 각자 자기의 성서로 직접 비교하면서 찾아보기를 권합니다. 모든 내용은 제시된 성경 말씀을 토대로 전개됩니다. 가급적 천천히 성구를 찾아보고 그 본문에 머물러 생각하는 시간을 오래 가지십시오. 오히려 그것이 가장 빨리 가는 지름길이 될 것입니다. 남이 만들어준 내용은 체화되기 힘듭니다. 반드시 자기 명상과 씨름이 동반될 때라야 단순한 지식을 넘어서 자신을 바꾸어 낼 수 있는 힘이 생기게 될 것입니다. 뿐만 아니라 스스로 성서를 보고 해석할 수 있는 눈도 키워갈 수 있을 것입니다. 그룹으로 공부할 때는 반드시 공부를 마친 다음에 "생각 나누기"에 제시된 질문을 토대로 하여 서로의 생각을 나누는 시간을 갖기 바랍니다. 정답은 있을 수 없습니다. 모두가 정답이고 모두가 각자의 삶의 위치에서 나오는 진실입니다. 어느 누구도 서로의 답이 맞나 틀리나 판단하지 말고 각자의 삶과 생각을 충분히 나누고 상대를 깊이 이해하고 용납하려는 자세로 참여하도록 하십시오. 믿음 안에서 서로의 성장을 도우며 격려하는 진정한 형제 자매가 되도록 노력하십시오. 각자의 생각을 솔직하게 나눌 때에, 단지 성서의 지식을 익히는 과정을 넘어서 오늘의 현실을 정면으로 바라보고 이를 해석하는 힘을 얻게 될 것입니다. 각 과의 마지막에는 "생각 나누기"의 주제와 관련된 설교문을 제시하였습니다. 이 설교문은 필자가 강남향린교회나 들꽃향린교회 강단에서 행한 설교 중에서 발췌한 참고자료입니다. 생동감을 주기 위해서 설교 문체를 살려 그대로 실었습니다.

목회를 하는 중에 틈틈이 책과 씨름히며 그 내용을 만들어 가는 것이 쉽지는 않았습니다. 이 책에 쓰인 한 줄의 정보를 얻기 위해서 몇 주일을 엉덩이가 무르도록 앉아서 책을 보거나 또는 현장에서 씨름해야 하는 때도 있었습니다. 스스로에게 의무감을 주어가며 굳이 이러한 작업을 하는 것은 한국교회가 이대로만 가서는 안 된다는 위기감 때문입니다.

윤리적 표상을 잃고 우리사회와 민족이 나아가야 할 방향과는 정반대로 역주행하는 신앙, 싸구려 값싼 은혜를 남발해 대며 상업주의적 성장논리로만 치달아 버리는 교회, 복 방망이를 두들겨 대며 교인들을 주문과 주술로 미혹하는 종교 지도자, 그들이 제멋대로 만들어낸 아무 존경할 것 없는 싸구려 하나님이 난무하는 현실이 너무나 수치스럽습니다. 사실 그들은 이미 자신의 영혼 속에서 하나님을 버리고 예수도 다시 못 박아 버린 상태이거나 전혀 자기 성찰을 하지 않은 채 유행을 쫓아가는 마비 상태인 경우가 대부분입니다. 이런 현실 속에서 이미 신앙을 가진 분들이 자신의 신앙을 깊이 성찰하고 신앙의 뼈대를 새롭게 세울 수 있는 계기가 될 수 있기를 바랍니다. 신앙을 가지지 않은 분들도 이 책을 공부하면서 야훼신앙과 예수신앙에 대해서 매력을 느끼고, "이런 하나님이라면 나도 믿고 싶다"는 마음이 들면 좋겠습니다. 그런 분들을 신앙으로 이끄는 길잡이가 될 수 있기를 또한 바랍니다. 당장 바라는 결과가 생기지 않더라도 먼 훗날 그때 한국교회에서도 무너진 신앙을 다시 세우기 위한 이런 몸부림이 있었구나 하는 정도의 기록은 될 수 있으리라는 희망으로 책을 썼습니다.

천호동에서 한강을 바라보며
들꽃향린교회 김경호 목사

오랫동안 책이 나오지 못했습니다. 후속편을 기다려오신 독자들의 독촉에도 불구하고 제대로 응하지 못한 것을 사과드립니다. 여러 가지 원인이 있습니다. 가장 먼저는 바쁘다는 핑계로 일을 게을리한 필자 자신에게 있고, 두 번째는 기독교가 사회의 따가운 지탄을 받으면서 우리가 섬기는 주님이 한낱 짐승의 이름으로 불리우는 상황을 참을 수 없었습니다. 이는 나무라는 이들의 탓이라기 보다는 기독교 내부의 문제였습니다. 거대한 교회의 권력과 세상의 권력이 한통속이 되어 빗나간 춤을 추기 때문입니다. 지극히 반(反)성서, 반신앙, 반인간, 반역사적인 일들이 기독교의 이름으로 행해지는 것을 견디기 어려웠습니다. 그래서 새로운 기독교로 개혁해야겠다는 마음에 전국에서 예수의 정신을 지키며 예수를 따라 살고자 하는 동지들을 모아 "예수살기"라는 전국단체를 만들었습니다. 또 이를 기반으로 매주 고난 받는 이웃과 함께 예배하는 촛불교회를 만들어 용산참사, 쌍용차, 기륭전자, 재능교육, 유성기업, 세월호 등 강도만나 쓰러진 이웃들을 위로하고 함께하는 길거리 촛불예배를 8년째 드리고 있습니다. 관심 사항이 옮겨 가다보니 책을 만들어 내는 작업에 엄두를 내지 못했습니다. 그리고 또 하나의 이유는 그동안 독자적 출판사를 내어 1-4권의 책을 내는데 재정적 지원을 해주신 최재우 집사님께서 불의의 사고로 소천하신 것이 큰 충격이었고 이어서 책을 낼만한 힘을 얻지 못했습니다. 이런 저런 이유로 초고는 다 되었지만 책으로 펴내지는 못했습니다.

그러던 중 도서출판 대장간의 배용하 대표님을 만나 기존 발간한 책에 대해서는 증보판을 내고 미간행된 책을 연속으로 내어 다시 시리즈를 복원하자는데 마음을 합했습니다. 전체 성서를 다 내려면 열권에 가까운 책이 될텐데 쉽지 않은 결단을 하신 배용하 대표님께 감사드립니다.

1권의 증보판에는 각과 마다 그동안 추가로 진행된 연구들이 보충되었고 특히 생태적 관심이 더해졌습니다. 그리고 제10장은 새로 추가하였는데 레위기를 중심으로 한국교회가 추구하는 '경건'의 본래자리를 찾아보고 그것이 희년과 깊게 연결되어 나타난다는 것을 살펴보았습니다. 사회적 실천을 강조하는 진보와 내적 경건을 강조하는 보수로 대립해있는 한국교회가 레위기의 말씀 안에서 서로 만날 수 있기를 바랍니다.

성서를 제대로 공부한 사람은 오늘의 역사와 사회 그리고 인간의 깊은 내면에 도달하게 되고, 그 가운데서 역사하시는 하나님의 뜻을 헤아려 볼 수 있는 눈을 가지게 됩니다. 오래전에 필자와 몇몇 동지들이 모여 『함께읽는 구약성서』와 『함께읽는 신약성서』(한국신학연구소, 1991-1992)를 펴낸 적이 있습니다. 이 책들은 진보적 성서연구자들에게 널리 애용되는 행운을 누렸습니다. 후속으로 그러한 방향의 연구들이 많이 이어지길 기대했으나 안타깝게도 제대로 이루어지지 못했습니다. 그리하여 이제는 그동안 변화된 상황에 새로운 메시지를 줄 수 있는 교재가 나와야 할 때라고 생각합니다. 성서 전체를 생명과 평화의 눈으로 새롭게 조명하는 이 시리즈가 성서를 새롭게 만날 수 있는 기회가 되기를 기도하며 멈춤없이 전체 시리즈가 복간되기를 바랍니다. 정의 평화 기독교 대선행동 창립식에서 드린 필자의 기도문으로 발간사를 맺습니다,

정의의 하나님,
새 역사의 여명이 움터오는 아침입니다.
이 기운이 단지 누구를 세우는 잔치로 끝나지 않게 하소서.
이 출발과 선택이 마지막이 아니고 새로운 시작이게 하소서.

우리는 그동안 너무 많은 눈물들을 흘렸습니다.
우리는 그동안 너무 큰 아픔들을 삼켰습니다.

이 땅의 위정자들,
여당은 물론이고 심지어 야당에게도
국민은 단지 선거 때만 필요한 존재였습니다.

길거리 거적잠을 자며
삭발하고 굶고 몸부림을 쳐봐도
고아처럼 내팽개쳐진 이 땅의 민중들

여기 사람이 있다며
도심의 첨탑 망루에 올랐다가
한 줌의 숯덩어리 망부석이 된 빈민들

크레인에 송전탑에 굴뚝에 전광판 위에서
살갗 데어나는 땡볕 더위를 지나
엄동설한 칼바람에 베어가며
비 바람 번개의 사계를 나는 노동자들

이제는 그들의 눈에서 눈물을 닦아주고
그들의 지친 어깨를 부추겨줄
사람다운 세상이 눈터오게 하소서.

이 땅에 모든 세력들은 저마다 자신이 정의롭다고 합니다.
그러나 해고된 노동자,
가난의 굴레 속에서 길을 찾는 민초들이
정의롭다고 소리치는 세상이 되게 하소서.

선거 때면 북에 돈싸주고
총쏴달라고 부탁하는 자들이 내세우는 평화
자신들의 기득권과 특권을 누리려고
전가(傳家)의 보도(寶刀)처럼 휘두르는 안보와 평화가 아니라
성주와 김천의 주민들,
무수단리와 동창리의 주민들
개성공단 사람들이 평화롭다고 어깨춤출 세상이 되게 하소서

더 이상 조작하고 꾸며대며 어거지로 강변하는 언론이 아니라
막힌 것은 뚫어주고 굽은 것은 풀어주는 언론이 되게 하소서.
민중의 고혈을 짜서 부자의 잔을 채워주는 거짓 잔치는 끝장나게 하소서.

평화의 하나님,
완전히 새로운 대한민국의 주춧돌을 놓을 수 있게 하소서.
반석위에 국민주권의 기둥을 세울 수 있게 하소서.

모든 사람이 자기의 미래에 가슴 벅차하는 새 집을 지을 수 있게 하소서.

생명의 하나님,
우리에게 다가온 역사의 기회를 잘 살려갈 수 있는 지혜를 주시고
왜곡된 우리의 역사와 신앙을 바로 세울 기회가 되게 하소서
우리의 소망 되시는 예수의 이름으로 기도드립니다. 아멘

후기 ▶ 새 정권이 들어섰다. 정의로운 사회를 염원하는 국민의 촛불이 만들어낸 정권 교체다. 아직 정부가 안정적으로 꾸려지지도 않았는데, 크고 작은 변화의 소식을 접할 때마다 설레고 기쁘다. 오랜 절망에서 벗어나 새로운 시대로 갈 수 있을 것만 같다. 영화도, 드라마도 아닌 뉴스를 보면서 눈물을 흘릴 줄이야! 정치인들이 그간의 자세에서 벗어나 국민과 새로운 시대를 열어나갈 수 있기를, 국민의 마음을 보듬을 수 있기를 바란다.

새 시대에 발맞추어 기독교도 새로워지길 바란다. 자정과 개혁에 집중해야 할 때다. 세상의 기준에서 보면, 기독교도 적폐의 대상일지도 모르겠다. 교회는 그리스도의 말씀을 따라 정의와 사랑을 전하기보다 배타성과 분노를 전하며, 물질적 축복을 하나님으로 섬긴다. 맹목적 열정은 있으나 온갖 썩은 것들의 안식처가 된 듯하다. 이번 촛불혁명에 일부 대형교회는 소위 '태극기 집회'(친박집회)에 교인을 동원하기 까지 했다. 두고두고 민주주의를 거스른 부끄러운 일로 기억될 것이다. 어디서부터 해야 할까. 가끔 밭에 돋아난 쑥뿌리를 정리하는데, 중요한 부분을 잘 잡아서 뽑으면 뿌리째 딸려 나온다. 나는 교회에는 그것이 성서해석과 신학이라고 생각한다. 잘못된 신학을 온전하게 바로 잡는 일

이 무엇보다 시급하다.

　이젠 국민의 뜻을 따르는 정부가 들어온 듯 하니, 한숨 돌리면서 이 작업을 해보고 싶다. (물론, 정치가 국민의 기대를 배반한다면, 언제든 다시 거리로 나가겠지만 말이다.) 올해 말부터 일 년간 안식년의 시간을 갖는다. 새로운 마음으로 신구약성서를 다시 읽으며 톺아보려 한다. 오경부터 요한계시록까지, 생명의 가치와 평화의 눈으로, 새로운 성서를 만나보고자 한다.

천호동 들꽃향린교회에서

김경호 목사

제1부

세상을 만드신 하나님

01

하나님께서 창조하셨다

성서의 창조 이야기들

미리 살펴보기

자세히 보면, 창세기의 창조 이야기는 두 개다. 첫 번째 창조 이야기는 창세기 1장 1절부터 2장 4절 상반절까지고, 2장 4절 하반절부터 전개되는 창조 이야기는 앞과는 다른 이야기이다. 두 이야기를 비교하면서 아래 표를 채워보자.

	1:1-2:4 상반절			2:4 하반절 - 2:25
창조 이전의 세상 모습	1:1 ( )			(2:5) 나무도 없고 풀도 없고, 아직 땅에는 비가 내리지 않음, 땅에는 안개만 올라옴- 바짝 메마른 상태
하나님의 창조 행위	(1:7/1:9) 물을 구별하여 마른 땅을 내심			2:10~14 ( )
창조의 순서	1일 빛	2일 궁창(창공)	3일 ( )	사람-동산-식물-짐승-여자
	4일 ( )	5일 ( )	6일 짐승, 사람	
창조의 방법	말씀으로			2:7/2:19 ( )

두 가지 창조 이야기

첫 번째 창조 이야기는 하나님이 창조하시기 전의 세상을 물이 가득 차 있는 공간으로 묘사한다.

하나님은 온통 물로 가득 찬 세상 가운데 나타나 창조를 시작하신다. 여기서 하나님은 인간에게 마른 땅을 내어주기 위해서 물을 제거하시는 분이시다. 이는 고대 바벨론의 우주관을 반영한다. 고대 바벨론에서는 처음 온 세상이 물로 가득 차 있다고 말한다. 창조 둘째 날에 하나님은 하늘 위의 물이 땅으로 떨어지지 않도록 막아주는 활 모양의 궁창(창공)을 만드신다. 셋째 날에는 땅 위에 있는 물을 바다로 모이게 해서 인간이 살 수 있는 마른 땅을 내어 주신다.

반면 2장 4절 하반부부터 시작되는 두 번째 창조 이야기는 창조 전의 세상을 물 한 방울 없이 바짝 메마른 상태로 그린다.

이어지는 6절을 표준새번역 성경은 "물이 솟구쳐 올라왔다."(2:6)고 번역했는데, "안개만 땅에서 올라와"라는 개역성경의 번역이 맞다. 대부분의 영어판 성경들도 히브리어 에드('ēd)를 안개를 뜻하는 mist, fog로 번역하고 있다. 두 번째 이야기에서 창조 이전의 상태는 풀 한 포기 돋아나지 못하는 메말라있고, 안개만이 스멀스멀 올라온다. 하나님의 창조 행위 역시 첫 번째 이야기와는 확연히 다르다. 물이 솟구치게 해서 온 땅을 적시는 것이다. 이 생명의 물은 에덴동산 중앙에서 샘솟아 사방으로 강을 이루어 흘러가면서 땅을 기름지게 만든다.

창조 이야기가 서로 다른 이유

첫 번째 이야기를 작성한 시기는 이스라엘 민족이 바벨론 강가에 잡혀와 포로 생활을 하던 때다.(B.C. 587-538) 이들이 거주하던 곳은 티그리스 강과 유프라테스 강이 만나는 하류의 범람 지역으로, 홍수가 나면 그동안 피땀 흘려 가꿔 온 삶의 터전이 온통 물바다가 되어 버리곤 했다.

고대 문명은 인간의 삶에 반드시 필요한 물과 비옥한 토양이 있는 거대한 강 주변에서 발생했다. 인더스 강과 갠지스 강을 중심으로 한 인더스 문명, 티그리스 강과 유프라테스 강을 중심으로 한 바벨론 문명, 나일 강을 중심으로 한 이집트 문명, 황하를 중심으로 한 황화 문명이 모두 그렇다. 그러나 동시에 이 지역들은 자신의 삶을 가능케 했던 '물'로부터 혹독한 도전을 받기도 했다. 홍수가 나면, 강물이 쓸고 간 자리엔 아무것도 남지 않았다. 그들은 삶의 기반을 처음부터 다시 세워야 했다. 물을 막아야 하니 토목이 발달했고, 비가 오는 때를 알아야 하니 천문학이 발달했다. 경계가 없어진 땅을 다시 정비해야 했으므로 측량이 발달했다. 역사학자 토인비는 인류가 세운 문명을 "가혹한 자연의 도전에 대한 응전의 역사"로 설명했다.

이스라엘은 이런 삶의 조건이 반복되는 바벨론 강가에 수용되어 있었다. 따라서 이들에게 홍수가 나서 물이 넘치는 것은 생존을 위협하는 시련이었다. 이스라엘 백성은 창조 이야기 속에서 이런 자신의 삶의 자리에서 자신들을 지키시는 하나님을 고백했다. '인간에게 마른 땅을 내어 안락한 삶을 유지할 수 있게 해 주시는 분'으로 말이다.

두 번째 창조 이야기는 다윗왕조 때(B.C. 1,000–921)에 수집된 이야기다. 이 이야기는 메마른 가나안 지방을 배경으로 한다. 가나안 땅은 사막 지대로 물이 몹시 귀했다. 샘과 오아시스는 그들 삶의 귀한 젖줄이었다. 이런 상황에서 하나님의 창조행위는 1장의 그것과 정반대다. 그들은 '동산 한 가운데서 샘이 솟게 하고 사방으로 강이 흐르게 하시는 하나님'을 고백한다.

창조 순서도 다르다. 첫 번째 창조 이야기에서 하나님은 첫 날 빛을 만드시고, 둘째 날 창공을, 셋째 날에 마른 땅을 구별하여 만드신다. 하나님은 처음 3일동안 우주의 기본 구조를 만드신 뒤 그 안을 채워 가신다. 넷째 날엔 첫째 날 창조물인 빛을 내는 물체로써 해, 달, 별을 만드시고, 다섯째 날엔 둘째 날 창조물인 창공에 어류와 조류를 채워 넣으신다. 당시 바벨론 사람들은 인간이 사는 마른 땅이 궁창 위의 물과 땅 아래 물 사이에 있다고 생각하였기 때문에 어류와 조류도 서로 연관을 갖는다고 생각했다. 여섯째 날에는 짐승과 최종적으로는 사람을 창조하여 자신이 만든 육지 위에 살게 하셨다. 그렇게 온 세상을 채우시고 난 뒤 일곱 번째 날에 안식하신다.

제 1일	제 2일	제 3일
빛	궁창(창공)	땅(바다) 식물과 나무

제 4일	제 5일	제 6일
해, 달, 별	물고기, 새	짐승, 사람

첫 번째 창조 이야기는 진화론의 생명 발생순서와 비슷한 면이 있다. 하나님은 어류와 조류, 동물을 만드시고 최종적으로 사람을 만드신다. 반면 두 번째 창조 이야기에서 하나님은 가장 먼저 사람을, 그 다음에 식물과 동물을 만드신다. 이는 인간이 세상의 중심이며 인간의 삶에 필요한 순서가 창조의 순서이다. 첫 번째 창조 이야기가 두 번째 이야기보다 더 과학적이라 할 수 있다. 사백년 이상 후대에 형성되었기 때문이다. 게다가 이야기가 쓰여진 바벨론은 당대 최고의 문명 중심지였다. 그들은 동식물의 구조나 조직에 관하여 진일보한 지식을 가지고 있었다.

성서학자들은 첫 번째 창조 이야기를 '제사문서' 혹은 'P자료'라고 구분하여 부른다. 이는 바벨론 포로기에 제사장들이 집대성한 문서다. 이 문서는 하나님의 이름을 '엘로힘'이라 표기했다. 두 번째 창조 이야기는 '야훼문서' 혹은 'J자료'에 속하는데, 이는 고대 이스라엘로부터 전해진 단편들을 다윗왕조 때 집대성한 것이다. 여기서는 하나님의 이름을 '야훼'로 기록했다. 우리말 번역에서는 모두 '하나님'이나 '하느님'이지만, 히브리어로 쓰인 성서 원문은 1장과 2장의 하나님의 이름이 다르고, 문서의 특성이나 성격도 모두 다르다.

창조 이야기의 구원

전통적인 서구신학은 구원을 신과 인간이라는 양자의 관계 속에서 규정했다. 세상의 시작을 다루는 창세기의 창조 이야기에서도 '하나님의 명령과 그것을 어기는 인간', 즉 죄의 기원에 대해 주목했다. 그러나 세상을 고려하지 않은 구원이란 반쪽짜리 구원이다. 그를 둘러싼 관계와 그 관계의 확장인 사회, 그리고 환경을 삭제한 채 인간을 온전히 설명하기란 불가능하기 때문이다. 창세기 2장에서 하나님이 물줄기를 솟구치게 하신다면 그것은 창조가 아닌 파괴일 것이다. 홍수가 범람하는 바벨론 지역에서 물줄기란 재앙이다. 마찬가지로 2장의 배경이 되는 건조한 광야에서 하나님이 1장의 창조 이야기처럼 그나마 있는 물까지 제거해 가신다면 이 또한 큰 낭패다.

구원은 이렇듯, 신-인간-환경의 관계 속에서 비로소 제대로 말할 수 있다. 환경으로서의 자연은 구원에 있어서 결정적인 요소가 된다. 자연과 마찬가지로 사회의 정치경제적인 요소, 역사 등 인간을 둘러싼 환경을 제대로 규명할 때에 비로소 하나님이 인간에게 펼치는 구원이 무엇인지 제대로 설명할 수 있다. 구원은 추상적이기 보다 구체적이다. 이 땅에 발 딛고 살아가는 인간의 삶을 변화시키는 힘을 지닌다. 따라서 이런 요소를 배제한 구원이란, 단지 인간의 내면과 심리적 영역에서만 영향력을 미치는 구원이란 온전한 것이 아니다.

예를 들어, 매일 남편의 가정 폭력에 시달리는 여성이 있다고 하자. 여성은 교회에 와서 울고불고 기도한 뒤 마음의 평안을 얻는다. 그러나 교회 문 밖을 나가는 순간 그 지긋지긋한 상황은 귀신처럼 그녀에게 다시 달라붙는다. 구원은 일어나지 않는다. 매일 그녀를 교회에 묶어 두어 가급적 교회에서 살게 하고, 교회에 미치게 하는 해결 방법밖에는 없다. 그녀가 실제적으로 구원받으려면 어떻게 해야 하겠는가? 남편을 설득해서 변화시키거나, 인간이 쉽게 변하지 않으므로 그것이 불가능하다면 남편과 격리하거나 이혼할 수 있도록 도와주어야 한다. 그녀를 둘러싼 환경에 개입해야 하는 것이다. 그것이 구체적인 구원의 방식이다.

하나님은 기도원이나 교회당 안에 갇힌 신이 아니다. 그 분은 세상 가운데에 혹은 세상 어디에든 계시며 우리의 삶에 개입하시는 분이시다. 창조 이야기가 고백하는 하나님이다.

다른 창조 이야기들

하나님이 세상을 창조한 이야기는 창세기 뿐 아니라 구약성서의 이사야, 시편, 욥기, 잠언과 신약성서의 요한복음, 로마서, 골로새서 등에서 계속 반복된다. 삶이 위협받을 때마다, 인간은 "하나님이 이 세상을 창조하셨다"는 고백을 계속했다. 계속되는 이 고백은 존재의 근원을 하나님께 두는 신앙이며 동시에 "선한 하나님이 창조하셨으므로 세상은 근원적으로 선하고 아름답다"는 신념이기도 하다.

그러나 오늘 날 정말 세상은 아름다우며 창조하신 하나님의 모습을 따라 선하다고 말할 수 있을까. 환경은 나날이 오염되어간다. 인간의 작은 편리를 위해, 발전이라 부르는 것들을 위해 자연은 파괴되어 간다. 인류의 생명과 세계를 한 순간 송두리째 날려버릴 수 있는 핵무기가 삶을 위협하며 핵발전소 또한 건재하다.

하나님은 인간이 기억하지도 못할 만큼 오래 진에 창조를 하신 뒤 손을 떼고 구경하는 신이 아니다. 하나님은 인간과 함께 그의 창조를 계속해 나가신다. 그러나 이런 파괴가 선한 하나님의 창조행위를 가로막는다. "모든 존재가 하나님께로부터 비롯되었다"는 고백은 이런 파괴를 막고 창조세계의 선함을 지켜나가겠다는 결단이다. 하나님은 과거뿐만 아니라 지금 여기서 움직이시며. 계속해서 인간의 구원을 완성하기 위해 창조하신다.

역사 기록 vs 신앙 고백

당연하게도, 성서의 창조 이야기는 우주가 생성되던 때의 모습을 목격한 누군가의 기록물이 아니다. 누군가 영감을 얻어 창조가 되던 때를 환상으로 보고 쓴 것도 아니다. 하나님께서 "아무개야 붓 잡아라! 말씀 간다"라고 명하시고 무아지경에서 받아쓴 것도 아니다. 만약에 보이지 않는 손, 즉 하나님이 불러준 이야기라면, 앞에서 살펴본 것처럼 두 이야기가 서로 다를 리 만무하다.

성서에 서로 다른 창조 이야기가 존재한다는 것은 무엇을 의미할까.

하나님의 창조에 관한 이야기는 태초의 기록이 아니다. 우주의 긴 역사를 일 년으로 보고 태초를 1월 1일이라 한다면 인류가 나온 시점, 하물며 문자가 등장한 시점은 마지막 날인 12월 31일 밤 11시가 훨씬 넘는 시간에 해당한다. 창조 이야기는 정월 초하루의 고백이 아니다. 그 것은 그 이야기가 기록되던 마지막 날의 신앙고백들이며 그 시점에서 인간이 파악할 수 있었던 가장 과학적인 이야기다. 아무도 태초의 이야기를 자신들의 목격담이나 사실 보도로 쓸 수는 없다. 또한, 성서는 어떤 통일된 영감의 지휘를 받아 전혀 모순이 없는 일관된 자료들로 이루어진 책도 아니다. 성서는 서로 다른 내용으로 구석구석 채워져 있다. 엄연한 사실이다. 창조 이야기가 각 시대마다 다른 이유는 하나님의 조화로운 창조를 위협하는 행태가 시대마다 달랐기 때문이다. 삶의 조건, 대자연의 위협, 혹은 창조 질서를 위협할 만한 인간의 범죄 등이 시대마다 다르게 나타나기 때문이다. 창조 이야기는 하나님의 창조의 비밀을 밝히는 일관된 하늘의 비밀 이야기가 아니다. 각자 다른 시대, 다른 생존 위기들에 대한 신학적 답변들이다.

각 시대마다 상이한 환경과 조건 아래에서 살아가는 인간들은 저마다 자기의 시선과 경험으로 하나님을 고백했다. 하나님이 모든 인간을 똑같은 방법으로 만나지 않으시기 때문이다. 그러나 시대적 조건이 서로 다를지라도 그것이 가장 숭고하고 진실한 이야기이며 그들이 만난 하나님에 대한 고백이라는 점은 분명하다. 이 고백이 조각보처럼 꿰어져 성서가 되었고 따라서 성서는 말 그대로 '거룩한 책'이다.

창세기에서 창조인가 진화인가 하는 근거를 찾으려 하거나 우주 생성에 대한 비밀과 진화의 과학적인 과정을 발견해 내려고 애쓰는 것은 성서를 대하는 올바른 접근이 아니다. 성서의 내용을 과학적으로 입증해 보이려고 하거나, 생명의 진화과정이 과학적으로 밝혀졌으므로 창조론은 무용하다며 무신론을 주장하는 것 또한 적절하지 않다. 두 접근 모두 성서를 문자 그대로 이해하는 것이다. 정반대의 주장을 하지만 똑같은 오류에 머물러 있다. 하나는 "그렇다"를, 다른 하나는 "아니다"를 주장한다는 차이만 있을 뿐이다. 이들이 성서의 기록에 대한 과학적인 연구를 발전시켜온 성서신학을 알지 못하기 때문에 나오는 오류이다.

과학의 발달로 인간이 우주와 생명의 비밀을 끝없이 밝혀낸다 해도, 인간이 밝혀낼 수 있는 것은 여전히 일부분이다. 평생을 연구에 바친 과학자는 "과학을 통해 많이 알아낼수록 우리가 얼마나 많은 것을 모르고 있다는 것을 알 뿐"이라고 말할지도 모른다. 오히려 인간이 진화의 과정을 밝혀내는 여정은 창조의 신비를 깨달아 가는 과정일 것이다. 진화는 창조의 대체물이 아니라 창조에 포함된다. 생명이 계속 진화하는 것은 하나님께서 계속 창조하고 계시기 때문이다. 그러므로 진화의 과정은 바로 창조의 과정을 발견해 가는 것이며 인간은 과학이라는 렌즈를 통해서 그 일부분을 들여다 볼 뿐이다.

이 세상을 신이 창조했는가, 아니면 진화했는가에 관한 논쟁은 진화론이 등장한 이후인 20세기에 들어 시작되었다. 진화론 이전의 시대에는 "하나님이 온 우주를 창조했다"는 것은 너무도 자명한 진리였다. 하나님이 만드신 것 이외에 다른 세계는 없었다. 당연한 전제, 명확한 사실을 증명할 이유는 없었다.

창조 이야기는 우주의 기원에 관한 지적인 호기심에서 나온 게 아니다. 삶을 위협하는 재해, 그들이 맞이한 위기 상황에서 나온 신앙적 성찰이다. 창조신앙의 근본은 "하나님께서 나를 있게 하셨고, 하나님께서 이 세상을 만드셨는데 모든 것이 그냥 망해 버리게 하실 리가 없다. 우리에게 새로운 조건을 주시고, 새로운 세상을 열어 주실 것이다"라는 것이다. 창조신앙은, 삶의 위기의 그 근본 밑바닥에서 그것들을 있게 하신 하나님을 만나 담판 짓는 신앙으로, 하나님을 향한 긍정적 신앙의 출발점이다.

"하나님께서 천지를 창조하셨다" - 하나님에 대한 신앙고백

성서의 창조 이야기는 치열한 삶의 현장에서 나온 이야기이다. 그리고 그 삶 속에서 닥쳐오는 문제를 극복해 나가는 투쟁의 이야기이다. 고대인들에게 생존을 위협하는 거대한 자연환경에 비하면 인간의 힘은 너무나 왜소하고 보잘 것 없었다. 그래서 자칫하면 위협적인 자연의 공격 앞에 무기력하게 주저앉기 쉬웠다.

이러한 환경 속에서 그들에게 좋은 환경을 만들어 주기 위하여 하나님께서 앞장서서 물을 막기도 하며 때로는 사방에 물줄기를 내신다고 고백한다. 이러한 고백은 분명한 기능을 수행하고 있다. "하나님께서 무엇무엇을 하셨다"는 고백은 자연의 무자비한 파괴 앞에서 실의에 빠져 있는 개인들에게 새로운 의지를 불러일으킨다. 그리하여 삶을 파괴하는 모든 위협에 맞서서 그들 스스로 투쟁해 나가도록 요구한다.

물을 얻기 위해 부단히 애쓰는 사람들이 "하나님께서 물을 솟구치게 하신다"고 고백하고, 물을 제거하기 위해 갖은 노력을 다하는 사람들이 "하나님께서 물을 제거하신다"고 고백하는 것이다. 참된 신앙인은 자신이 노력하지만 "내가 했다"고 말하지 않는다. 최선을 다하지만, 결국 "하나님이 하셨다"고 고백한다.

따라서 성서에서 "하나님은 어떤 분이다"라고 말할 때, 그것은 부단히 노력하는 인간의 삶과 노력에 대한 표현의 최고 정수라 할 수 있다. 오히려 하나님께서 앞서 행하신다는 핑계로 인간이 행하는 모든 행위를 정죄하며, 아무런 실천도 하지 않고 단지 앉아서 기도만 하면 된다는 태도는 전혀 성서적이지 않다. 이는 예언자들이 정죄했던 이교적인 '주술' 행위에 불과하다. 성서는 이러한 인간의 투쟁 한복판에서, 자신들의 삶의 정수를 엮은 최고의 고백으로 하나님을 말한다. 그들은 자신의 삶과 노력의 한복판에서 "하나님은 어떠어떠한 분이다"라고 밝혀 나간다. 따라서 성서를 하나님의 말씀이라고 말하지만, 사실상 하나님 자신의 말씀이라기보다는 하나님에 대한 인간의 깊은 성찰과 고백이라고 할 수 있다. 이것이 성서 기록들이 각각 다르게 나타나는 이유이기도 하다. 창조 신앙은 그 시대의 위기에 맞서서 인간의 생명을 구원하고 지켜가기 위한, 인간의 투쟁에 관한 이야기이다.

도교의 가르침인 무위(無爲)도 그것이 당신의 업보라며 방치하는 게 아니라, 최선을 다해 고쳐보되, 순리를 넘지 말자는 의미이다.

창조의 생태신학적 의미

"하나님께서 창조하셨다"는 고백은 다음과 같은 생태신학적 의미를 갖는다.

1. 모든 만물의 출발이 하나님으로부터 온다.
2. 모든 만물은 동일한 존엄성을 가진다.
3. 모든 만물과 우리는 동일하신 아버지로부터 유래한 형제, 자매의 관계 안에 있다.

만물을 누가 지으셨느냐 하는 것이 소중하다. 성경은 우리 모든 인생들, 모든 생명, 모든 산천은 다 하나님께서 지으신 것이라고 한다. 그것은 하루를 사는 하루살이는 하루만큼의 존엄성 밖에 없고 천년을 사는 학은 천년의 존엄성이 있다는 것이 아니다. 시간은 상대적이다. 아마 하루살이 입장에서는 '삶이 너무 지루하고 길다'고 느낄 지도 모른다. 제삼자의 입장에서 보니 하루살이는 짧고, 학은 길다고 느끼는 것이다. 각자의 생명은 시간의 길이에 상관없이 존엄하다. 그 모든 것을 하나님께서 지으셨다고 하는 것은 모두가 똑 같이 가장 소중한 가치를 입게 되었다는 고백이다. 그러기에 하나님께서 존재하시는 것 자체가, 더군다나 그로부터 우리가 시작되었다는 것 자체가 가장 큰 은총이다.

하나님께서 온 만물을 지으셨다는 고백은 하루든 천년이든 모든 생명은 영원과 잇대어 있다는 것이다. 생명이 발생하고 소멸하는 그 시간만 생존하는 것이 아니라 그 생멸의 길이를 초월해서 그 존재의 시작과 마지막의 수렴이 모두 하나님과 함께 있었고 그로부터 왔으며 결국 그에게로 돌아가는 존재들이라는 것– 그것은 그들이 나타나는 시간성을

뛰어넘어 하나님과 함께 영원하다는 것이다. 하나님은 유한한 시간적
존재들을 영원으로 이끌어 주신다.

호세아 4:1-3을 읽어 보자.

"이 땅에는
진실도 없고, 사랑도 없고,
하나님을 아는 지식도 없다.
있는 것이라고는

저주와 사기와 살인과 도둑질과 간음뿐이다.

살육과 학살이 그칠 사이가 없다."(1-2절)

그런데 신기한 것은 이렇게 깨어진 인간관계로 인해

"그렇기 때문에 땅은 탄식하고,
주민은 쇠약해질 것이다.
들짐승과 하늘을 나는 새들도 다 야위고,
바다 속의 물고기들도 씨가 마를 것이다"(3절)

라고 한다. 지금부터 약 2,700여 년 전에 공해 문제가 있을 리도 없고 환경오염 문제가 있을 리도 없을 텐데 도대체 무슨 말일까? 하나님을 아는 지식과 우리 인간 상호간의 관계, 그리고 자연과의 관계까지 서로 어떤 연관이 있는가?

하나님을 아는 지식

호세아 4:1~3(환경주일 설교)

제가 어렸을 때만 해도 서울에 수세식 화장실이 그리 많지 않았습니다. 동네에 똥차가 하나 나타나면 똥지게를 진 아저씨들이 골목골목을 다녔습니다. 양쪽 끝에 똥통이 달린 지렛대를 한쪽 어깨에 맨 사람들이 "똥 퍼! 똥 퍼!"하고 외치고 다녔습니다. 한 집에서 분뇨 수거가 시작되면 온 동네가 끔찍한 냄새에 숨을 죽여야 했습니다. 지게 수로 비용을 내야 하기에 냄새를 고스란히 맡아가며 몇 지게가 나가나 지켜 서서 숫자를 확인하기도 하고, 통을 가득 채워 나가지 않는다고 시비가 붙기도 했습니다. 지게를 진 아저씨들이 걸어 다니는 것을 한 번도 보지 못했습니다. 아마 되도록 빨리 움직여야 더 많은 수입을 올릴 수 있기 때문이겠지요. 주인의 요구대로 찰랑찰랑 채워서 뛰어 다녀야 하기 때문에 똥지게가 지나가는 길바닥에는 흘러넘친 국물들이 남아서 오래도록 이 치열한 전쟁의 자취를 증언하곤 했습니다.

당시 저는 마포 서강대 근처에 살았습니다. 지금은 그 지역이 서울 한복판이지만 그때에는 밭들이 많았습니다. 이렇게 전쟁처럼 실어 나른 똥들은 다시 그 밭에 부어졌습니다. 그렇게 부어진 생똥이 오래 삭아 거름이 되기까지는 긴 시간이 걸렸습니다. 처음에 지독했던 냄새들이 구수해 질 때면 밭가는 사람들의 손길도 부지런해졌습니다. 이렇게 버려진 똥이 다시 새 생명이 되고 풍성한 먹거리로 살아나서 다시 우리들의 밥상으로 돌아오는 것이 똥의 일생이었고 그들의 순환체계였습니다.

지금은 사라진 추억의 풍경이지요. 모두가 수세식 화장실을 사용하니까요. 우리 생활이 얼마나 깔끔해졌는지 모릅니다. 그런데 이것이 꼭 위생적이고 깔끔한 것일지는 의문입니다. 하수도로 온갖 오물을 흘려보내고 다시 그 물을 걸러서 우리들이 먹는 식수로 사용하고 있으니 말입니다. 그래도 인체에서 배설되는 것들 쯤이야 어느 정도 시간이 지나면 다시 정화될 수 있습니다.

그런데 이런 생명의 순환과정을 거부하는 물질들이 생겨났으니 합성세제, 샴푸 등의 온갖 화학 합성물들이 바로 그것입니다. 이런 것들은 썩지 않고 또 분해되지 않기 때문에 자연스런 생명의 순환과정을 정지시켜 버립니다. 생명의 순환이란 하나가 소멸하면서 그것이 밑거름이 되어 또 다른 생명으로 이어지는 것인데, 이러한 과정을 마비시키고 반역하는 물질, 순환을 거부하는 것들이 생겨나면 곧 죽음을 낳게 됩니다. 이것들은 생명의 순환을 죽음의 순환으로 만들면서, 소멸하지 않고 계속해서 지구상에 존재하며, 모든 시대, 모든 과정을 거쳐 생명계를 교란하고 죽음의 독성을 전파해 나갑니다. 수천 년이 지나도 썩지 않는다는 플라스틱 제품, 화학비료, 농약 등은 그대로 이 자연계와 인간의 몸속에 축적됩니다. 이런 것들은 공상과학 영화에 나오는 이상한 괴물처럼 죽어도 죽지 않고 다시 달려드는 괴물이 되어 우리들의 삶을 위협하고 있습니다.

인간의 몸은 우리가 사는 자연 속에서 빌려온 것입니다. 우리가 호흡하는 것만 해도 그렇습니다. 인간은 한 번의 호흡을 통해 자신의 몸 안에 몇 주 이내에 다른 사람이 호흡했던 10조 개의 원자를 담게 됩니다. 그것은 지구의 모든 인간에 의해 호흡되어 왔던 원자들입니다. 우리는 계속 다른 생명체와 그리고 지구 자체와 원자를 교환하고 있습니다. 우리 신체를 구성하고 있는 원자의 98% 이상이 이미 자연 어느 곳에 존재하고 있던 원자와 교체된 것이며, 거의 5년 정도의 주기로 우리 몸은 완전히 새것으로 교체되고 대치된다고 합니다. 우리 신체를 구성하는 조직은 끊임없이 환경과 교환되고 있습니다. 그러니 우리의 몸은 자연으로부터 빌려온, 자연의 생산물입니다. 따라서 자연을 오염시키고 병들게 하는 행위는 우리 자신의 몸을 해치는 행위입니다. 나를 둘러싸고 있는 자연과 우주는 지금, 오늘, 매일 우리를 낳고 있습니다. 한

번이 아니라 수천 번, 날마다 우리는 자연 아래서 새로워집니다.

자본주의 경제학은 물질이 가치를 창조한다고 말합니다. 물질 자체가 가치를 갖는다고 봅니다. 그래서 물건마다 가격이 붙어 거래가 되고 시장이 형성됩니다. 지대(地代)도 이자도 인정이 됩니다. 그러나 사회주의 경제학은 이 기준을 인간으로 돌려놓았습니다. 물건 자체에 가치가 있는 것 같지만, 그것은 그렇게 보이는 것일 뿐, 사실이 아니라고 말합니다. 가치는 오직 인간의 노동력을 통해서만 생성되는 것이라며, 모든 가치 창조의 중심에 인간의 노동력을 가져다 놓습니다. 그런데 생태 경제학에서는 이 기준을 또 한 번 바꾸고 있습니다.

생태적 경제학에서는 '차용'의 개념을 사용합니다. 고대인들의 사고에서 인간의 경제활동이란 자연으로부터 생산물을 빌리는 일입니다. 생태적 경제는 바로 이 차용, 즉 부채에 근거하고 있습니다. 원시적 교환 형태인 헌물 증정과 제물은 살아있는 생명체들이 환경으로부터 차용된 것이라는 사상을 배경으로 합니다. 제물을 드리는 일은 본래 하나님의 것이고 자연의 것이라는 주인됨을 확인하는 절차입니다. 그 일부를 신에게 바침으로 나머지 것들을 내가 사용할 수 있게 물려받는 의식입니다. 모든 것을 본래 인간의 것인 양 착각하고 성장과 관련시켜 이해하는 자본주의 경제학이니 사회주의 경제학과는 달리 생태적 경제학은 새로운 개념을 갖게 합니다.

나와 나의 마음 체계, 나와 내 몸의 관계, 나와 이웃과의 관계, 나와 자연과의 관계, 나와 하나님과의 관계는 모두가 하나이고 맞물려 있으며 서로 상생하고 돕는 관계입니다.

▶ 미리 살펴보기의 예

	1:1-2:4 상반절			2:4 하반절 - 2:25	비 고
창조이전의 세상모습	어둠, 공허, 혼돈, 물(수면)			나무도 없고 풀도 없음. 아직 땅에는 비가 내리지 않음	2:6 물 보다는 안개 (개역)
하나님의 창조행위	물을 구별하여 마른 땅을 내심			마른 땅을 적실 물이 솟구치게 하심	창조이전의 모습(혼돈)을 제거해 가심
창조의 순서	빛	창공	바다와 땅 식물과 나무	사람-동산-식물-짐승-여자	1장은 비교적 진화론과도 흡사-동식물학이 발달(과학적) 2장은 인간에게 중요한 순서
	해, 달, 별	물고기, 새	짐승, 사람		
창조의 방법	말씀으로			사람뿐만 아니라 들짐승, 새 등도 모두 손(흙)으로 빚어 만드심	

우리의 형상을 따라서

창조 이야기가 우리에게 전하는 것들

옛날 우리 조상들은 집을 짓거나 묘 자리 하나를 잡을 때에도 산과 물과의 조화를 고려했다. 인위적인 것이 자연을 거스르지 않도록 자연에 적응하고 순응하는 것을 모든 인간사의 기본 원칙으로 삼았다. 동양의 세계관에서 자연과 인간은 공존관계였다. 도가(道家)와 불가(佛家)에서는 인간도 자연의 일부로 여겼다. 그러나 전통적인 서구 세계관은 자연을 인간의 지배 대상으로 보았다. 따라서 정복을 위해 투쟁했고 인간의 삶에 도움이 되도록 이용하는 게 당연했다. 이런 세계관의 근원은 이분법적 사고다. 자연과 인간을 분리시킨 세계관은 이데아와 현상을 나눈 플라톤적 이성을 감성보다 우위에, 정신을 물질보다 우위에 놓인 것으로 생각했다. 자연은 물질이며 몸이며 감성이며 야만이었다. 또한 종교가 인간의 정신과 삶의 모든 영역을 지배했던 중세 이후로는 성서가 서양의 자연관에 중요한 기반이 되었다.

하나님이 그들에게 복을 베푸셨다. 하나님이 그들에게 말씀하시기를 "생육하고 번성하여 땅에 충만하여라. 땅을 정복하여라. 바다의 고기와 공중의 새

와 땅 위에서 살아 움직이는 모든 생물을 다스려라!"(창1:28)

창세기의 이 구절은 구약성서의 전형적인 축복문이다. 노아, 아브라함, 이삭, 야곱 등에 내리는 축복에서도 유사한 내용이 반복되고 변형된다. 구약성서 전체를 흐르는 주제가 하나님과의 계약, 혹은 하나님의 약속이라고 볼 때, 그 약속의 기본 형태가 이 축복문에 담겨 있다.

정복하고 다스려라

"땅을 정복하고 다스리라"는 말은 전통적으로 서구 문명이 자연을 남용하는 행위에 대한 신학적 근거가 되어 왔다. 하나님께서 왕에게 주시는 왕권을 인간에게 위임하셨다고 해석했기 때문이다. 그런데 여기에 쓰이는 '정복하다(kabash), '다스리다(radah)'라는 히브리어는 "조화로운 통치를 상징하는 왕권의 행사"를 의미한다. 이 왕권은 착취와 남용, 파괴의 오용을 일삼는 폭군적 통치가 아니라, 왕권이 미치는 범위의 모든 것들이 번성하도록 능력껏 잘 돌보아 주고 지켜줄 책임을 지는 것을 말한다. 이것은 선한 왕으로서 다스리라는 말이지, 폭군으로 자연을 훼손하고 절단하고 마음대로 변조하라는 말이 아니다.

게다가 앞에서 살펴봤듯이, 창세기 첫 장은 포로기에 기록됐다. 포로 생활을 하는 이들에게 세상을 정복하고 다스리라는 명은 너무나 적절하지 않다. 구약성서학자 월터 브루그만(Walter Brueggemann)은 "화려한 명령어로 쓰인 이 축복문은 포로생활 속의 이스라엘 백성들이 겪고 있는 가난과 패배에 대한 저항이요, 그들의 억눌린 처지를 극복하고자 하는 인간 권리의 선언으로 이해할 때 자연스럽다"고 설명한다. 또한 "생육하라"는 말은 이집트 노예생활 당시 아기들이 죽임을 당한 것과 같은 끔찍한 상황이 반복되어서는 안 된다는 하나의 선언으로 볼 수 있다. 더 이상 자신들의 자손이 해를 입지 않을 권리가 있다는 선언인 것이다. "번성하라"는 말도 마찬가지다. 그들의 땅은 이미 짓밟혔고 도륙 당했지만, 앞으로는 우리가 사는 땅이 더 이상 황폐하게 되어서는 안 된다는 선언이다. "땅에 충만하라"는 명령도 이같은 배경을 잘 보여준다. 지금은 역시 남의 땅에 억류된 상태이지만, 더 이상 이들이 자신들의 땅에서 유리되지 않아야 한다는 선언이다. 같은 문맥에서 보자면 "정복하라"는 말은 "우리는 더 이상 누구에게도 종속되지 아니한다"는 선언이고, "다스리라"는 말도 "우리는 누구에게도 지배받지 아니할 권리를 가지고 있다"는 선언으로 보아야 한다는 것이다.

이 해석을 정리해보면 다음과 같다.

> ▶ 생육하다 – 더 이상 자손이 해를 입지 않는다.
>
> ▶ 번성하다 – 더 이상 황폐하지 않는다.
>
> ▶ 땅에 충만하다 – 더 이상 땅에서 유리되지 않는다.
>
> ▶ 정복하다 – 더 이상 종속되지 않는다.
>
> ▶ 다스리다 – 더 이상 시배받지 잃는다.

하지만 오랜 그리스도교 역사 속에서 이 성서구절은 "자연을 정복하고 이용하라"는 의미로 해석되었고 인간 우위 세계관의 근거가 되었다. 더구나 서구 역사는 이 말씀을 자연뿐만 아니라 인간사에도 적용했다. 이교도를 정복하고 다스리는 것을 하나님의 뜻으로 미화했고, 성전(聖戰)에 참여하도록 선동했다. 중세의 십자군 전쟁, 신대륙 정복과 인디

안 말살 전쟁, 근세 서구의 식민지 확장에 이르기까지 이 말씀은 사람들을 끊임없이 전쟁으로 몰아넣었다. 오늘날까지도 미국은 자국의 이기주의와 군사 패권주의를 기독교와 이슬람의 종교 전쟁으로 포장해서 사람을 전쟁터로 몰아가며, 이러한 행위를 은연 중에 하나님의 뜻으로 미화하고 있다.

그러나 이 성서 말씀은 정복 행위의 근거가 될 수 없다. 오히려 이 말씀이 선포된 사회적 맥락을 고려할 때, 어떤 인간도 더 이상 남에게 지배받거나 종속되어서는 안 된다는 위대한 인간권리의 선언으로 보아야 한다.

또한 하나님께서는 인간에게 주셨던 이 축복의 선언을 노아 홍수 이후 숨 쉬는 모든 생물들에게도 주신다. 살아있는 모든 것들에게 생육하고 번성할 수 있는 독자적인 권리를 부여하시고 약속의 증표로 무지개를 세우신다.

"이제 내가 너희와 너희 뒤에 오는 자손에게 직접 언약을 세운다. 너희와 함께 있는 살아 숨쉬는 모든 생물, 곧 너와 함께 방주에서 나온 새와 집짐승과 모든 들짐승에게도, 내가 언약을 세운다. 내가 너희와 언약을 세울 것이니, 다시는 홍수를 일으켜서 살과 피가 있는 모든 것들을 없애는 일이 없을 것이다. 땅을 파멸시키는 홍수가 다시는 일어나지 않을 것이다." 하나님이 말씀하셨다. "내가, 너희 및 너희와 함께 있는 숨쉬는 모든 생물 사이에 대대로 세우는 언약의 표는, 바로 무지개이다. 내가 무지개를 구름 속에 둘 터이니, 이것이 나와 땅 사이에 세우는 언약의 표가 될 것이다. 내가 구름을 일으켜서 땅을 덮을 때마다, 무지개가 구름 사이에서 나타나면, 나는, 너희와 숨쉬는 모든 짐승 곧 살과 피가 있는 모든 것과 더불어 세운 그 언약을 기억하고, 다시는 홍수를 일으켜서 살과 피가 있는 모든 것을 물로 멸하지 않겠다. 무지개가 구름 사이에서 나타날 때마다, 내가 그것을 보고, 나 하나님이, 살아 숨쉬는 모든 것들 곧 땅 위에 있는 살과 피를 지닌 모든 것과 세운 영원한 언약을 기억하겠다." 하나님이 노아에게 말씀하셨다. "이것이, 내가, 땅 위의 살과 피를 지닌 모든 것과 더불어 세운 언약의 표다." (창세기 9:9~17)

맨 처음에 무엇이 있었는가?

창세기가 시작되는 구절은 다음과 같이 각각 다른데, 어떤 번역이 맞을지 생각해 보자.

"한 처음에 하느님께서…"(공동번역)
"태초에 하나님이…"(표준새번역)

히브리 원문에서 맨 처음 마주치는 단어는 시작, 처음이란 의미를 가진 "브레쉬트"(bereshit)이다. 문자대로는 "in beginning"이다. 이는, "한 처음", "평범한 처음", "하나님께서 활동하시는 그때 시작에…"라는 의미이다. 그런데 여기 서양 철학의 시간관이 첨가된다. 징관사를 임의적으로 넣어 "In the beginning"으로 해석함으로써 바로 위대한 시작, 즉 무(無)에서 유(有)가 돌출해 나오는 첫 시간으로서의 "태초"(the beginning)가 된 것이다. 즉, 완전한 무로부터(ex nihilo)의 창조는 희랍 형이상학자들의 사상으로 전통적인 그리스도교 신학의 가르침이기도 했다. 이런 시작과 끝이 있는 일직선의 시간 개념 안에서 하나님 또한 먼 미래 어딘가의 종말을 향해가는 신이었다. 하나님의 창조행위는 우주의 시작과 끝으로 설명됐다. 또한 '태초'라는 더없이 장엄하고 철학적인 시간의 시작 개념은 하나님의 창조를 저 까마득한 시원(始原), 즉 역사 밖으로 돌려버리기도 했다.

그러나 하나님은 무의 세상을 시작하던 태초 뿐 아니라 평범한 "한 처음에" 그리고 "모든 처음"에 함께 하신다. 그리고 창조를 계속 해 나가신다. 의미 없던 것을 의미 있게 만들고, 어두움을 빛으로 만들고, 혼돈 속에 새로운 질서를 창조한다. 모든 시작은 설레고 가슴이 벅차다. 설렘과 의욕으로 가득 찬 이 마음 속에 우리의 하나님이 계신다. 모든 처음에는 미래에 대한 믿음과 신비가 있다. 바로 그 희망이 살아있는 곳에서 하나님은 역사하신다. 인간이 희망을 갖는 곳에 하나님은 함께 하시며 새 일을 창조하신다.

하나님의 영이 수면에 운행하시다

이 혼돈의 세상 위로 하나님의 영(루아흐, ruah)이 운행하신다. 히브리어 '루아흐'는 숨, 바람, 호흡, 김, 영(靈), 나아가서는 신(神), 하나님(성령)의 의미를 가지고 있다. 단순한 바람, 입김이 어째서 영이나 신 혹은 하나님으로까지 번역될까?

고대 히브리인들은 어떤 사물을 이해할 때, 눈에 보이는 것이 전부라고 생각하지 않았다. 하나의 물질이 고정된 형태로 나타나는 그 뒤에는 보이지 않는 우주의 기운, 흐르는 기, 유동하는 영적 움직임이 있고 그것들의 움직임의 결과로써 그 물질이 보이는 형태로 고정된다고 생각했다. 즉, 그들은 세계에 드러나는 모든 현상이 역동적으로 움직이는 숨결, 영적인 존재들의 움직임이며, 이것이 고형(固形)으로 나타나 우리 눈에 보이는 구체적인 모습이 된다고 생각했다. 보이지 않는 세계가 보이는 것들의 본질이며 근원이었다.

세계의 사건과 결과들 역시 모두 인간 생각의 결과물이다. 우리가 생각하고 믿음을 갖는 대로 우주의 흐름이 바뀌고 에너지의 방향이 결정된다. 물질이 있기 전에 생각이 먼저 있고 생각이 있기 전에 믿음이 있다. 그래서 히브리서는 "믿음은 바라는 것들의 실상이요, 보이지 않는 것들의 증거입니다"(11:1, 개역)라고 말하기도 한다.

태초에 이 무한한 에너지인 하나님의 영이 수면 위에 운행하고 계셨는데, 어떻게 절대 무에서 창조가 시작되었다고 말할 수 있겠는가? 하나님은 충만한 생명의 기운, 근원의 호흡으로부터 세상을 창조하신다. 태초에 생명 가득한 숨소리가 있고, 태초에 의지가 있고, 태초에 사랑이 넘치는 따뜻한 생각이 있었다. 더군다나 히브리어 문법에서 "루아흐"(성령, 하나님)는 여성형 명사다. 따뜻함을 가진 어머니 하나님의 모태에서 천지는 잉태되고 출발한 것이다.

세상은 이렇게 역동적으로 움직이는 생명이신 하나님으로부터 창조되었다. 우주와 인간에게 생명을 불어 넣어주는 호흡이며 생명에 찬 에너지는 오늘도 우리가 어떤 구체적인 마음을 갖도록 기운을 주신다. 또한 온 천지에 운행하고 계신 하나님의 영은 지금 우리 마음의 결징을 기다리고 있다. 우리가 갖는 생각에 따라 그 기운의 흐름이 바뀌고 세상이 움직여 갈 것이다.

하나님의 형상, 하나님이 왜 "우리"인가?

> 하나님이 말씀하시기를 "우리가 우리의 형상을 따라서, 우리의 모양대로 사람을 만들자. 그리고 그가, 바다의 고기와 공중의 새와 땅 위에 사는 온갖 들짐승과 땅 위를 기어 다니는 모든 길짐승을 다스리게 하자" 하시고.(창 1:26)

인간이 "하나님의 형상"대로 지음을 받았다는 것은 인간의 권리가 하늘로부터 왔다는 "천부인권(天賦人權)" 사상의 근거가 되는 말씀이다. 이 성경 말씀은 서구 사회의 인권신장에 중요한 토대가 되었다.

그러나 아직도 이 선언을 존재의 유비(analogia entis)로 해석하는 이가 적지 않다. 즉, 하나님과 유사한 형태로 인간이 만들어졌다고 생각한다. 인간만이 다른 동물, 식물과 구별되는 특징을 가지고 있으며, 이것이 바로 '하나님의 형상'이라는 것이다.

성서에 "인간이 하나님의 형상대로 창조되었다"는 말은 문자적으로는 인간창조에만 적용되었다. 그래서 신학자들은 이 말을 인간만이 가지는 특징, 다른 피조물과 구분되는 특성 속에서 찾으려 했다. 예를 들면, 당시에는 인간만의 특징으로 여겼던 사유(思惟), 언어 능력, 이성(理性) 등을 하나님의 형상으로 여겼다. 이렇게 '특별한 존재'로 규정하다 보니 인간을 모든 피조물들 위에 군림하는 특권적 존재로 생각하였고, 이는 곧 자연의 남용을 야기했다. 자연은 인간과 구별되고 인간의 뜻을 이루기 위한 도구나 대상이 되었다.

이에 대해 현대신학은 "하나님의 형상"을 관계의 유비(analogia rela-tionis)로 해석한다. 즉, 하나님은 다자간의 관계를 완벽한 이해와 조화

속에서 일치해 나가시는 주체이며, 인간은 이런 하나님의 형상대로 지음을 받았다는 것이다. 관계성을 세계의 본질적 요소로, 하나님의 특성으로 보는 것이다.

실제로 창세기 1장에서 하나님의 이름은 'Elohim'으로 표기되어 있는데 히브리어의 −im은 명사의 복수형을 나타낸다. 이것은 고대 다신론에 영향 받은 표현이지만, 기독교 교부들에 의해 발전된 삼위일체론의 한 표현으로 이해하면 기독교 전통과 조화를 이룬다. 성서의 여러 곳에서 하나님은 천상회의를 주재하고 의견을 나눈다. 하나님은 홀로 존재하는 분이 아니시고 누군가와 회의를 하시며 의견을 나누신다는 것에 주목해보자. 때로는 예언자가 그 천상회의에 참여하기도 하며 욥기 1, 2장에서는 하나님과 의견을 주고받는 대상으로 심지어 사탄이 등장하기도 한다.

> 그 때에 나는 주님께서 말씀하시는 음성을 들었다. "내가 누구를 보낼까? 누가 우리를 대신하여 갈 것인가?" 내가 아뢰었다. "제가 여기에 있습니다. 저를 보내어 주십시오."(사6:8)

여기서도 하나님은 '우리'라는 복수로 언급된다. 이처럼 하나님은 상대를 필요로 하신다. 한 여성신학자는 "하나님은 고독을 느낄 수 있고, 자신의 고독 때문에 괴로워하시며, 하나님은 관계를 맺기 위하여 창조하신다."고 하였다. 피조된 세계는 하나님으로부터 떨어져 나온 고립된 체계가 아니다. 하나님은 상호관계를 초월해서 독존하는 하나님이 아니다. 하나님은 "사람이 독처하는 것이 좋지 않으니…"라고 하며 인간의 짝을 만든다. 하나님의 완전성과 온전성은 다른 존재와 동떨어져서 홀로(alone)라는 뜻이 아니다. 하나님은 세상을 모두 품는 하나(one)이며, 그 넓은 품 안에서 여러 인격들과의 관계를 통해서 완전하다. 관계가 시작될 때 혼자인 완전성은 흔들리고 상대에 의해 영향을 받는다. 상호관계에 의해 휘어지고 때로는 밀쳐지며 당겨진다. 그러나 그 모든 관계와 상호성 안에서 하나님은 완벽한 조화를 이룬다. 그것이 하나님의 완전성이다.

하나님 안에서, 나 아닌 타자와 나는 완벽한 조화와 일치를 이룬다. 이 관계성이 신성의 본질이다. 그리고 인간은 그런 하나님의 모양을 따라 지음 받았다. 따라서 인간은 타자를 그리워하고 만나고 싶어 하며 사랑을 원한다. 하나님의 형상이 우리를 홀로 있게 놓아두지 않는다. 그러므로 하나님은 우리 역시 당신과 같은 관계 안의 존재로 만드신다. '나'라는 존재를 타인과 분리된 공간에서 찾으려는 시도는 무의미하다. 나라는 존재는 타인과 관계 맺는 가운데 오히려 명백해지고 의미를 갖는다.

그러므로 독립된 인간 존재에서 '나'라는 실체를 찾는 데카르트적 사유방식과, 그러한 인간의 존재방식을 기반으로 삼은 서양 철학은 다시 평가되어야 한다. 타인과 분리된 나라는 존재는 애초부터 존재하지 않는다. 골방에서 자아를 확립해 놓고 다른 사람을 만나 자신을 입증하고 설득하고 자신의 의지를 관철하려 한다면, 거기에서는 필연적으로 독선적인 인간이 나온다. 자아는 물과 같이 형태를 가지지 않으며 다만 타인과의 관계 속에서 자신의 모습과 의견을 만들어 가는 것이다.

하나님은 고정된 실체에서 자신을 찾지 않으신다. 역동적인 관계, 그 관계와 관계가 얽히고 설켜 만들어내는 생명력과 역동성으로 하나님은 우주를 운영하시고 세상을 섭리하신다. 이와같이 하나님의 형상을 완벽한 조화를 이루는 "관계능력"으로 보고 나 아닌 타자와 완벽한 조화와 일치를 이루는 능력으로 볼 수 있다. 그러나 이것 역시 하나님의 형상을 인간만이 가지는 특성으로 보는 전제를 떠나지 못한다.

'하나님의 형상'에 대한 생태적 이해

그러나 이런 것도 실은 이미지일 뿐이다. 하나님의 형상(Image of God) 대로란, '이미지대로'를 뜻한다. 이미지란 때로 언어로 정확히 묘사하고 규정하기 어려운 구석이 있다. 따라서 이를 이런저런 인간의 특성에서 찾으려하는 것은 아전인수(我田引水)일지도 모른다. 작가가 어떤 형상을 만들 때 그것은 당연히 작가의 머릿속에 떠오르는 어떤 이미지에 의해서, 그 작가의 구상대로 물건을 주조한다. 그렇게 인간을 만드셨다는 말로 이해하는 것이 자연스럽다.

창세기 2장 7절의 '사람을 지으셨다(icher)'는 히브리어는 장인이 흙을 빚듯이 형태를 이루는 것을 뜻한다. 창세기 2장 19절에서 각종 들짐승과 공중의 새를 지으실 때도 같은 동사가 쓰인다. 하나님은 인간과 같은 방법으로 그들을 손으로 빚어서 만드신다.

> 주 하나님이 들의 모든 짐승과 공중의 모든 새를 흙으로 빚어서 만드시고....(창2:19)

모든 짐승과 모든 새라는 것은 만물을 의미한다. 다시 말하면 모든 만물이 하나님의 구상대로, 그 분 안의 이미지대로 창조되었다는 것을 말한다. 창세기 1장 26절은 "우리의 형상(image of us)을 따라서 우리의 모양(likeness of us)대로 사람을 만들자"고 한다. 여기서 형상, 혹은 이미지를 의미하는 히브리어, '첼렘'(chelem)과 모양을 의미하는 '데무트'(demut)는 뚜렷하게 구별되지는 않지만, 첼렘이 좀 더 내면적인 유사성에, 데무트가 외형의 유사성에 가깝다. 하지만 27절의 히브리 원문을 직역하면 "하나님께서 자신의 형상(첼렘) 안에서 사람을 창조하셨으니, 곧 하나님의 형상(chelem) 안에서 남자와 여자를 창조하셨다"고 한다. 완성된 인간은 형상(image)으로만 언급된다. 이것은 하나님의 형상이 외형의 모습보다는 하나님의 창조적 구상이나 생각을 뜻한다는 것을 보여준다.

하나님은 형태가 없다. 어려서 교회에서 하나님을 배울 때에는 인격적인 신으로, 대부분 나이많은 남성의 목소리와 남성의 외형을 가진 신으로 받아들인다. 하지만 "나의 형상을 만들지 말라"는 십계명의 제 2계명처럼, 하나님은 어떤 형태로 고정되는 것을 금하셨다. 우상이 되기 때문이다. 하나님의 형상은 외형이 아니고, 하나님 안에 있는 생각, 창조적 구상이다.

모든 창조물은 하나님 내면에 있는 이미지대로 창조되었다. 모든 생명이 하나님의 형상대로 지음 받았고 그렇게 존재의 시작이 하나님께로부터 나왔다. 모든 생명을 존중하고 소중하게 여겨야 함은 이런 이유다. 인간이 다른 인간의 생명을 함부로 할 수 없듯이 다른 피조물도 함부로 해서는 안된다.

하나님의 안식 – 거룩함의 새로운 의미

이스라엘 민족에게 거룩함(qados)이란 속된 것과 그렇지 않은 것을 구별 짓는 경계였다. 레위기에서 먹어도 되는 음식과 부정한 음식을 구분하는 기준이 되듯, 일반적으로 종교적 거룩이란 일상에서 속된 것을 배제하여 거룩한 영역을 확대하여 나가는 분리의 개념으로 작동한다. 그런데 '거룩'은 원래 배제의 의미를 가지고 있었을까?

성서에서 거룩이라는 말이 처음으로 언급되는 곳은 창세기다. 창세기 2장은 "하나님이 그 일곱째 날을 복되게 하사 거룩하게 하셨으니 이는 하나님이 그 창조하시며 만드시던 모든 일을 마치시고 그 날에 안식하셨다(2:3)"고 한다. 하나님은 엿새 동안 천지를 창조하시고 이레 되는 날 쉬셨으며 그날을 복되고 거룩하게 하셨다.

그러므로 하나님의 안식은 단지 아무 일도 안하시고 쉬셨다는 뜻이 아니라 모든 피조물의 관계가 어떠해야하는 지를 밝히는 만물의 존재 방식, 만물의 존재 지향을 가리킨다. 하나님의 창조의 완성은 엿새 동안 이루어진 것이 아니라 바로 마지막 날의 창조인 '하나님의 안식'이 이루어질 때라야 완성된다. 만약 여섯째 날의 피조물이 그동안 하나님이 애써 창조하신 다른 날의 피조물들을 마구 파헤치고 멸절시킨다면 하나님이 편하게 쉬실 수 있겠는가? 하나님께서 창조하신 모든 피조물이 고르게 평화를 누리고 서로 조화를 이루어야 비로소 하나님의 안식이 가능하다. 그러므로 하나님의 안식은 곧 모는 피소물의 평화로운 안식, 즉 '하늘과 땅의 안식'을 동반해야 가능하다. 바로 그런 상태를 하나님은 '복되고 거룩하다'고 하신다. 나만 잘되고 풍요를 누리는 것이 복이라고 여기는 것은 아주 편협한 생각이다. 모든 사람, 모든 피조물이 골고루 평화를 누리는 상태가 진짜 복된 상태이다. 성서는 하나님께서 그 날을 '거룩하게 하셨다.'고 하고 그리스도인은 그날을 기념해서 예배를 드리고 하나님의 거룩하심을 찬양한다.

따라서 거룩은 '만물이 각자 자기 몫의 안식과 평화를 고르게 누리는 상태'를 말한다. 그리스도인의 지향점도 거기에 있다. 거룩하다는 의미의 영어 'holiness'는 전체, 온전함을 뜻하는 'wholeness'와 어원이 같다. 하나님의 거룩함을 예배하는 사람은 모든 생명을 사랑하고 만물이 조화를 이루는 통전적 평화를 지향한다. 그때라야 하나님이 안식하시며 기뻐하실 수 있기 때문이다.

그리스도인은 예배를 드리며 하나님의 거룩함을 기린다. 예배의 정신은 바로 거룩함을 기리는 것이다. 이사야가 소명을 받을 때 하나님의 성소에서 "거룩하시다. 거룩하시다. 거룩하시다"는 삼성송(三聖頌, Sanctus)이 들려왔다. 그 거룩함은 자신의 속됨과 부정함까지도 품으시는 하나님의 온전성이다. 거기에서 벗어나는 것은 '속된 것'이다. 거룩을 배제와 분리의 의미로 파악하는 것은 표면적인 의미만을 본 것이다. 거룩은 분리 이전의 상태, 하나님의 온전성, 통전성이 지켜지는 세계이며 그것을 지키기 위해서 구별하는 것이다. 정죄와 차별을 넘어서서 모두가 하나로 인식되는 세계, 한 몸으로 받아들이는 세계를 지키어 나가는 것이 참다운 거룩의 의미이다.

따라서 그리스도인은 하나님이 만드신 창조세계의 하나됨을 방해하는 일체의 장벽과 방해물, 경제적 차이, 신분의 차이, 성의 차이, 학력의 차이, 세대의 차이, 지방 색 등의 차별을 거두고 사랑에 다가갈 때에 비로소 거룩함을 입는다. 그때라야 비로소 참다운 예배가 가능하다. 그런 내면의 지향과 그런 세상을 만들어 가려는 노력없이, 세상과 분리된 채로 드리는 예배는 거룩함이 부재한 예배다.

신학자 칼 라너는 "솔직히 표현하면, 하나님이 인간과 동일한 곤경 속에 있다는 생각은 나의 곤란한 상태와 혼란의 절정에서 벗어나는데 도움을 주지 않는다."라고 말한다. 하나님이 세상사에 참여하고 인간의 고난에 개입하는 신이라면, 하나님은 전지전능하고 절대적인 신이 되기 어렵지 않을까. 내가 생각하는 하나님은 어떤 존재인가?

입은 열려있다
두 팔은 쭉 뻗쳐있다

빌립보서 2:5~11(가정의 달 선교)

희랍철학에서는 신들의 계보 중 최고의 자리에는 절대자로서의 신, 인간의 고통에 참여하지 않는 신입니다. 기독교 교부신학에서는 이러한 신 개념을 그대로 채용했습니다. 그러나 신비주의 신학은 좀 다른 계보를 가지고 신을 봅니다.

4세기 교부 어거스틴은 "하나님은 달리 줄 섯을 가지고 있지 않기에 하나님을 준다. 하나님은 하나님을 내어줌으로써 하나님이며 그리고 이 내어줌을 불러일으키며 또 이 내어줌 속에서 성령이 우리에게 주어지게 된다. 십자가 위에서 완성된 이 신적인 자기 비움은 하나님을 하나님으로 구성하는 것이며 하나님은 무한한 신적인 내어줌이다."라고 말했습니다. 또한 5세기 신비주의자 디오니시우스는 "사랑하는 사람은 자기에게 속하지 않고 사랑받는 자에게 속한다. 따라서 하나가 다른 하나에게 관련되고 참여하는 것은 신적 위엄의 경감이 아니고 그 위엄의 진정한 비결이다."고 했습니다.

신의 본질을 자기가 가지고 있는 것을 덜어내어 떼어주는 양적 개념, 명사의 개념으로 생각한 것이 아니고 자신을 떼어내고 나누어 주는 행위 자체, 즉 동사의 개념으로 생각하는 것입니다. 여기서는 자신이 가지고 있는 소유물의 일부를 떼어주는 하나님이 아니라 자기 자신을 나누어주는 인격적 신을 말하고 있습니다. 신이 자신을 준다는 것은 어떤 철학적 기반을 가지고 있습니까?

디오니시우스가 "사랑하는 사람은 자기에게 속하지 않고 사랑받는 자에게 속한다."고 한말을 주목하여 보십시오. 사랑에 완전히 빠지면, 내가 없어집니다. 내 생각, 내 판단, 내 고집, 내 욕심, 즉 나의 에고가 사라지고 사랑하는 대상 안에서 자기 자신을 발견되게 됩니다. 나는 없어지고 대상만 남습니다. 내가 없어진다니, 두렵습니까? 내가 원하는 것들과 내 의지가 사라진다니, 사랑은 곧 손해인걸까요? 사실, 그것조차 느끼지 못합니다. 대상과 나의 경계가 사라지고 대상이 곧 내가 됩니다. 그에게 주는 것이 곧 나에게 주는 것입니다. 우리가 무엇인가에 빠져 자기 에고를 잊고 몰두하는 순간은 어떤 가치로도 바꿀 수 없는 행복한 순간입니다. 신비주의 신학은 바로 이 순간을 말합니다.

근대 서양철학은 명확한 자기 경계가 있다는 전제 하에 '내가 누구인가'라는 질문에 답을 찾습니다. 그러나 신비주의 전통은 '나'라는 경계가 없어질 때, 사랑하는 대상과 내가 일치에 이를 때, 이보다 더한 자기 발견이 없다고 합니다. 우리는 내가 사라질까봐, 나라는 '정체성'이 사라질까봐 두려워하며 저항합니다. 때론 자존심 싸움도 하고 손익 계산을 하고 원하는 게 서로 부딪혀 상처 입기도 합니다. 그럴 필요 없습니다. 성서는 우리에게 "사랑이 두려움을 내어 쫓는다"는 진리를 끊임없이 전합니다.

신혼부부를 생각해 봅시다. 그들은 신혼여행 기간에는 '나'를 찾지 않습니다. 완전한 사랑의 성취 안에 있으며, 내가 주장되지 않습니다. 그러나 조금 지난 후에 자존심이 상하는 것 같고, 나를 입증하고 싶고, 나를 내세우고 싶을 때가 생깁니다. 그러나 그 때는 벌써 사랑의 열차가 그 궤도를 벗어나기 시작하는 때입니다. 나를 주장할 때 오히려 천박한 사랑, 천박한 인생에 빠지게 되는 것입니다. 하나님을 향한 사랑도 마찬가지입니다. 그분에 빠져서 내가 찾아지지 않을 때 우리는 행복합니다. 그러나 하나님을 향하여 "하나님, 저는요, 하나님 제 삶도 좀 있어야지요. 제가 바라는 것은요…."라고 늘어놓게 될 때, 순간 나의 신앙은 멈추게 됩니다. 동시에 하나님을 향한 사랑도 깨지게 됩니다.

여러분은 나 자신의 존재가 느껴지지도, 보이지도 않는 황홀한 경지의 사랑을 일생 동안 이어갈 수 있게 해달라고 기도하십시오. 이것이 바로 우리 인간에게 기초한 사랑이 아니라 하나님으로부터 오는 은총 그 자체인 사랑의 비결입니다. "나는 없고 당신이십니다."가 여러분의 삶의 고백으로 평생 이어지게 하십시오.

참다운 신성은 예수님의 십자가에서 나타납니다. 우리는 십자가를 보고 그분이 좀 더 살아서 좋은 일을 많이 하셨으면… 좀 더 살아계셔서 우리에게 더 생명의 말씀을 많이 남기셨으면 하고 그분의 십자가를 아쉬워할지 모르겠습니다. 그러나 십자가는 좌절이 아닙니다, 십자가는 죽음이 아닙니다. 십자가는 예수님의 삶을 완성하는 것입니다. 그의 삶이 조금씩 내어놓는 과정이라면 십자가는 한꺼번에 쏟아 부은 사건입니다. 당신의 모든 것을 내어 주시는 사건이 십자가의 예수를 통해서 완성됩니다. 십자가는 하나님의 완전한 신성을 보여주는 곳이며, 하나님의 신성이 완성되는 현장입니다. 그의 끝없이 내어주는 그 신성이 "예수 그리스도는 본래 하나님이셨으나 자신을 하나님과 동등하다고 여기지 않으시고…"로 이어지는 자기 비움(케노시스)의 위대함을 보여주십니다. 성령은 내가 없어지게 하십니다. 무아의 가운데로 우리를 불러주십니다. 성령은 나를 포기하는 데서 나의 특성을 찾게 하십니다. 삼위일체 하나님도 서로 상대를 향해 완벽하게 자기를 포기하기 때문에 일체입니다. 이러한 신적 위격들이 보여주는 서로의 서로에 대한 완벽한 상호 포기는 예수 그리스도의 자기를 내어주는 죽음에서 실행되었습니다.

내가 당신을 바라볼 때
나는 가장 아름다워집니다.

내가 당신을 생각할 때
나는 가장 심오해집니다.

내가 당신을 좇아갈 때,
내 발걸음은 날듯이 가볍습니다.

내가 당신께 고백할 때,
나의 영혼에는 마침내 불이 붙습니다.

내가 당신을 사랑할 때,

내 깊은 곳에서 솟아오는 행복에 젖습니다.
그 때, 나는 존재하지 않습니다.
단지 당신을 사랑하고 있다는 그것만으로
모든 것이 내게 넘칩니다.

당신의 당신 되심은,
많은 위엄을 갖추고
우리가 경탄할 만큼
영광의 양이 높이 솟는데 있지 않습니다.
아낌없이 내어 주고
마지막 방어벽 하나 남기지 않는
근본적인 자기 포기
그 자유로움 속에
당신의 존재, 그 위대함을 만집니다.

내가 전에는 자신의 만족을 위해
남을 소유하길 원했습니다.
그러나 참다운 삶은
자기 자신에게만 향하게 하는
어리석은 속박들을 끊어내는 것
사랑의 기쁨은
만나고 부비고 입 맞추는 것을 넘어
빈 마음으로 다가가
기꺼이 당신의 일부가 될 때,

당신을 향한 사랑에 오직 열광되어 있을 때,

그 사랑에 이끌려, 나 자신으로부터 빠져 나올 때,

나는 가장 뚜렷하게 나다우며

완전하게 나 자신이 됩니다.

인간창조, 에덴동산의 창조

인간 창조와 노동

"주 하나님이 땅의 흙으로 사람을 지으시고 그의 코에 생명의 기운을 불어 넣으시니, 사람이 생명체가 되었다."(창2:7)

이 말씀을 도식으로 나타내면 "인간(생명체) = 흙+하나님의 숨(영)"이 된다. 인간이 인간다운 것은 그 안에 이렇게 '하나님의 영(호흡, 기운)'이 있기 때문이다. 그러므로 인간(Adam)은 하나님의 영이 떠나게 되면 결국 한줌의 흙(Adama)으로 돌아가는 허무한 존재이다. 그들의 언어에서 볼 수 있듯이 히브리 사람들은 이렇게 "아다마"(흙)에서 나온 티끌('aphar)이 질료가 되어 아담(인간)이 형성된다고 보았다.

그러나 인간에게는 "아다마"가 전부가 아니며, 하나님께서 인간의 코에 "하나님의 숨 또는 기운(nesamah)"을 불어 넣으시자 사람이 생령(nephesh hayah)이 되었다. 느샤마는 흔히 쓰는 숨, 영(ruah)에 비해서 하나님께로부터 오는 생명의 능력과 에너지를 강조한다. 생명의 숨이 들어와 인간은 살아있는 생명체(living being)가 되었다. 인간은 몸과 영혼이 나누어진 존재가 아니라 그 둘이 합쳐진 하나님의 창조물이라 그 존재와 생명이 전적으로 하나님께 달려있다.

인간이 존엄한 까닭은 하나님께서 그에게 "하나님의 숨"을 불어 넣으셨기 때문이다. 살아있는 동안 인간에게 가장 가까운 것이 바로 숨이다. 그런데 그 숨의 주인이 다름 아닌 하나님이며, 그분의 영이다. 이 고백은 인간 존재의 뿌리를 하나님에게서 찾는 것이다. 동시에 우리가 살아있는 동안 가장 가까이 해야 할 존재가 하나님임을 일깨워 준다. 우리 삶의 모든 순간, 우리가 숨 쉬는 호흡마다 우리는 하나님과 교제하며 그의 존재를 드러내고 찬양한다.(시150:6) 이 영은 신자와 비신자를 구분하여 불어 넣어지지 않았다. 그 생명의 주인인 하나님을 알거나 모르거나 상관없이 하나님의 영이 생명의 본질이라는 선언이며, 이는 인간 존엄성에 대한 선포다.

하나님의 영인가? 반란자의 피인가?

위에 나타난 인간 창조이야기는 고대 바벨론의 창조신화인 에누마 엘리쉬(Enuma Elish: 주전 1900-1700년)에서 빌려온 것이다. 남신인 마르둑(Marduk)이 여신 티아맛(Tiamat)과 치열한 전쟁을 벌인 끝에 결국 승리하고 티아맛을 죽여 그의 몸을 소재로 하늘과 땅을 만든다는 내용이다.

대개 이 시대의 신화들에는 남신과 여신과의 싸움이 등장하며 결국은 남신이 승리하는 이야기로 귀결된다. 이것은 주전 2천 년대에 인류가 모계사회에서 부계사회로 변천되는 사회 변화를 반영한다. 신화는 누가 신들의 세계에 들어가서 훔쳐보고 쓴 이야기이거나 신들이 은밀히 비밀을 누설하여 인간에게 베풀어준 이야기가 아니다. 즉 신화는 신들의 세계에 대한 이야기가 아니다. 그 이야기를 만들고 유통시킨 인간 사회의, 그리고 당대의 사람들이 소망하고 바라던 것들이 반영된, 바로 인간의 이야기이다.

마르둑은 티아맛 측의 총사령관인 킹구를 제압한 후, 그의 피와 흙을 섞어 인간을 창조하고 그에게 고된 노동의 의무를 부과한다. 즉, "인간 = 흙+반란자의 피"인 셈이다.

> 내가 피를 만들고 뼈대를 형성하였습니다.
> 그리고는 야생인을 만들고 그의 이름을 "인간"이라 부르겠습니다.
> 그래요, 내가 야생 인간을 만들겠습니다.
> 인간에게는 신을 섬기는 의무를 부과하며
> 신들은 편히 쉬게 될 것입니다.(에누마 엘리쉬 중에서)

인간들은 성전에서 봉사하며 사역을 감당해야 했다. 반면 인간들이 노동을 전담하게 되므로 신들이 휴식을 취할 수 있게 되었다. 킹구의 피로 인간을 창조한 후 신들은 마르둑을 찬양하며 이렇게 노래한다.

> 우리들을 강제적인 의무에서 풀어놓아 주신 주
> 우리의 감사를 당신 앞에 어떻게 나타내오리까?
> 이제 성소라 불리는 집을 우리가 건립하리이다.
> 그 성소가 밤에는 우리들의 휴식처가 될 것입니다.(에누마 엘리쉬 중에서)

성서는 수세기 전 신화인 이 양식을 그대로 차용하지만 인간의 본질을 반란자의 피라고 보지 않는다. 바벨론의 신화에는 고된 노동과 이에 대한 반작용으로 반란이 계속되는 악순환을 인간의 운명으로 보았다. 따라서 인간은 반란의 마음을 품지 못하도록 강도 높게 감시하고 억압해야 할 존재였다. 그러나 성서는 하나님의 영, 그 분의 숨결이 인간을 이루는 특성이 된다고 본다. 이는 고대 근동의 인간 이해와는 근본적으로 다르다. 하나님의 기운, 하나님의 영을 인간의 본질로 보는 새로운 인간 이해인 것이다.

앗시리아의 창조 신화인 아트라하시스(Atrahasis:주전 1700-1600년) 역시 인간 창조에 대해서 말하는데, 여기에 나타나는 인간상도 바벨론 창조 신화와 유사하다. 신들에게는 두 가지 계급이 있다. 높은 계급의 신은 놀고 쉬며 낮은 계급의 신은 일을 해야 했다. 이로 인해 낮은 계급의 신들이 반란을 일으키고, 이 반란을 무마시킬 궁리를 하던 끝에 신을 대신해서 노동을 전담시킬 목적으로 인간을 창조한다.

> 신들이 인간들처럼 일을 해내고 노동을 걸머쥐고 있었을 때, 그 신들이 해야 하는 노동은 그들의 의욕을 상실해야 할 만큼 많은 양이었고 그들의 비탄을 자아낼 만큼 광대했다네.(아트라하시스 중에서)

이 두 가지 신화에서 휴식은 신과 관련되고 노동은 인간에게 한정됐다. 이는 일과 휴식이 분리되어 있는 인간사회를 반영한다. 이 신화들은 노동을 특정 계급에 부과된 의무로 본다. 또한 그 노동의 열매를 취하면서 휴식을 전담하는 유한계급의 존재를 운명적으로 받아들이게 한다. 노동은 소외되어 있으며, 고통과 의무만이 존재한다. 또한 노동하는 인간과 노동하지 않는 인간의 관계는 적대적이다. 하나님의 형상인 인간이 이지러지고 서로 빼앗기며 고통 당하고 있는 것이다.

복되고 창조적인 노동

> 하나님은 하시던 일을 엿샛날까지 다 마치시고, 이렛날에는 하시던 모든 일
> 에서 손을 떼고 쉬셨다. 이렛날에 하나님이 창조하시던 모든 일에서 손을 떼
> 고 쉬셨으므로, 하나님은 그 날을 복되게 하시고 거룩하게 하셨다.(창2:2-3)

> 안식일을 기억하여 그 날을 거룩하게 지켜라. 너희는 엿새 동안 모든 일을
> 힘써 하여라. 그러나 이렛날은 주 너희 하나님의 안식일이니, 너희는 어떤
> 일도 해서는 안 된다. 너희나, 너희의 아들이나 딸이나, 너희의 남종이나 여
> 종만이 아니라, 너희 집짐승이나, 너희의 집에 머무르는 나그네라도, 일을
> 해서는 안 된다. … 내가 엿새 동안 하늘과 땅과 바다와 그 안에 있는 모든
> 것을 만들고 이렛날에는 쉬었기 때문이다. 그러므로 나 주가 안식일을 복
> 주고, 그 날을 거룩하게 하였다.(출20:8-11)

성서에서 노동은 하나님의 일이며, 하나님의 창조질서 안에 있다. 하
나님은 엿새 동안 일하셨다. 하나님은 손에 진흙을 묻히고 땀을 흘리며
그것을 빚고 생기를 코에 불어 넣으신다. 사람뿐만 아니고 들짐승과 새
들까지도 일일이 손으로 빚어서 만드신다.(창2:19) 마치 토기장이나 정
원사처럼, 하나님도 직접 몸으로 일하신다.

그리스도인들도 노동의 근거를 하나님께 찾을 뿐 아니라, 쉬어야 할
근거 역시 하나님께 찾는다. 하나님께서 엿새 동안 일하시고 일곱째 날

에 쉬셨기 때문이다. 또한, 인간의 쉼도 계급과 민족, 동물에까지 동일하게 적용된다. 너희의 소와 나귀… 여종의 아들과 몸 붙여 사는 나그네도 숨을 돌릴 수 있을 것이며, 주인의 눈치를 살펴야 하는 사람들, 혹은 말 못하는 짐승 등도 쉴 수 있다.(출23:12) 쉼의 의무는 땅에까지도 적용되는데, 6년간 경작하고 제 7년째는 안식년으로 휴경하라고 한다.

> 너희는 여섯 해 동안은 밭에 씨를 뿌려서, 그 소출을 거두어들이고, 일곱째 해에는 땅을 놀리고 묵혀서, 거기서 자라는 것은 무엇이나 가난한 사람들이 먹게 하고, 그렇게 하고도 남은 것은 들짐승이 먹게 해야 한다. 너희의 포도밭과 올리브 밭도 그렇게 해야 한다.(출23:10-11)

땅이 쉬어야 하는 것은 땅이 누릴 "제 몫의 안식"이며, 땅의 권리이다. 이스라엘에서는 나라가 망해서 자신들이 포로생활을 하게 된 이유를 '자신들이 땅을 혹사시켜서 땅을 쉬지 못하게 했기 때문에 하나님께서 착취자인 자신들을 강제로 유배시켜서 비로소 그 땅을 쉬게 하신 것'이라는 독특한 해석을 내리기도 하였다.

> 나는 또 땅을 황폐하게 할 것이다. 거기에서 사는 너희의 원수들은, 거칠고 못쓰게 된 그 땅을 보고 놀랄 것이다. 나는 너희를 여러 민족 사이로 흩어버리고, 칼을 뽑아 너희 뒤를 쫓게 할 것이다. 너희가 살던 땅은 버려진 채, 거칠고 쓸모없이 될 것이며, 너희가 살던 마을들은 폐허가 될 것이다. 그 때에야 비로소, 땅은 안식을 누릴 것이다. 땅이 그렇게 폐허로 버려져 있는 동안, 곧 너희가 원수들의 나라로 잡혀가 있는 동안에, 비로소 땅은 쉴 것이며, 제 몫의 안식을 누릴 것이다. 너희가 그 땅에 사는 동안에는, 안식년이 되어

도 땅이 쉬지 못하였지만, 폐허로 버려져 있는 동안에는, 땅이 쉴 것이다.(레 26:32–35)

이렇게 성서에는 노동이 소외되지 않는다. 하나님과 인간 모두가 함께 일하고 모두가 함께 쉰다. 하나님께서 일하고 쉬셨기에 인간도 마땅하게 쉬어야 할 권리를 갖는다.

에덴동산에서 인간은 일을 했을까?

노동은 타락한 인간에게 내려진 벌이 아니다. "파라다이스"(Paradise)란 단어는 페르시아에서 빌려온 것인데 "울타리가 있는 과수원"이란 뜻이다. 이것은 인간의 노동을 나타내는 명확한 상징이다.

창세기 2장 15절은 "하나님께서 아담에게 동산을 돌보게 하셨다(Abad: 돌보다, 일하다)"라고 한다. 에덴동산에서도 노동이 존재했다. 마냥 풍요와 쾌락을 즐기는 곳이 아니라, 가꾸고 돌보며 일을 해야 하는 동산이었다. 노동은 본래부터 인간 삶을 이루는 본질 중 하나였다. 따라서 에덴동산, 즉 낙원은 아무런 일도 하지 않고 먹고 마시며 즐기는 유흥장이 아니라 함께 가꾸고 지키며 유지 관리하는 삶의 터진이다. 우리가 하나님께 '일하지 않고도 풍성하게 먹고 살기'를 구한다면 그것은 축복을 구하는 것이 아니라 저주를 구하는 것이다.

노동은 저주나 고통이 아니다. 노동은 본래 하나님께서 주신 가장 값진 선물이다. 삶을 풍요케 할 수 있는 적극적인 기쁨이자 자기를 실현해 가는 도구이기도 하다. 노동은 인간과 자연의 조화를 만들어 내는 총체적인 인간다움의 표현이므로 매우 복되고 창조적인 것이다. 만약 인간에게 노동이 없다면 어떻게 자신을 표현할 것인가? 음악가에게 연주를 못하게 하고 건축자에게 집을 짓지 못하게 한다면, 그것이야 말로 바로 지옥일 것이다. 브라질의 한 노동자는 "모든 것이 말씀을 통하여 생겨났으며, 말씀을 통하지 않고 생겨난 것은 하나도 없습니다."(요1:3)는 창조의 말씀을 이렇게 이해했다.

> "성서는 하나님이 그의 말씀을 통해서 세상을 창조하셨다고 말하고 있다. 창조한다는 것과 말씀한다는 것은 똑같다. 사람들은 무언가를 만듦으로써 자신에 대해서 무언가를 알려준다. 예를 들어서 사람들이 시를 쓰거나 노래를 작곡할 때, 화가들이 그림을 그릴 때, 그리고 목수가 책상을 만들 때도 그렇다. 일하는 사람은 누구나 자신의 일을 통해서, 즉 그가 만든 것을 통해서 자신을 알린다. 마찬가지로 하나님이 빛을 창조하시고 별과 하늘, 땅을 창조하셨을 때 하나님도 자신을 표현하고 알려주신 것이다."[1]

이렇게 삶의 진실을 담은 노동, 자신의 생산물이 자신의 분신이 되고, 이웃에게 자신을 표현하는 '말씀'으로의 노동이 되었을 때 우리는 비로소 인간이 되고 삶의 성취와 보람을 갖게 된다. 이 얼마나 축복된 노동인가? 이러한 노동의 결과물을 볼 때, 우리의 영혼 깊숙한 곳에서 "하나님 보시기에 심히 좋았다"라고 하시며 우리를 인정해 주시는 하나님의 미소를 발견하게 된다.

또한 노동은 개인을 사회적 관계로 불러낸다. 인간은 모두 노동을 통해서 상호의존하면서 살아간다. 노동 안에서 우리는 서로 관계를 맺는다. 노동을 통해서 인간은 자기 자신의 삶을 표현할 뿐 아니라 그 결

---

1) 에르네스또 까르네날 지음, 『말씀이 우리와 함께』, 성염 옮김, 분도출판사, 1981, 13-14.

과로 이웃에게 기쁨을 가져다준다. 나아가 타인의 삶을 실현시키는데 역시 도움을 주게 된다. 그리고 노동으로 이런 관계를 맺을 때 우리는 비로소 이웃의 사랑 속에 있게 된다. 나의 삶을 표현하는 노동이 나 자신에 그치지 않고, 타인이 각자 자신의 삶을 나타내고 창조할 수 있도록 돕게 된다. 자신 또한 다른 사람들이 노동을 통해 생산해낸 결과물에 의존하며 그들의 사랑을 받아들이고 서로를 승인하고 인정하게 된다.

이렇게 우리는 노동을 통해 우리 자신의 참된 본질, 참된 인간성을 실현하게 된다. 서로 종이 되어 섬기며 더불어 사는 사회를 만들어가는 것이 에덴동산에서의 노동이며, "섬김을 받기 위해서 온 것이 아니고 섬기려고 왔다"(막10:45)고 하신 예수님의 뜻이다. 즉, 인간은 일을 통해서 이웃을 섬긴다. 노동은 '더불어 사는 존재'로서의 인간, 즉 하나님께서 만든 인간의 본질을 실현시킨다.

문제는 노동이 소외되어 있다는 것이다. 누구는 놀고먹고, 누구는 뼈 빠지게 일해도 살기가 힘들다. 또한 자본주의 아래서 노동은 단순히 '돈을 벌기 위한 수단'으로 전락했다. 좋은 노동은 많은 대가를 받는 노동이고 나쁜 노동은 적은 대가를 받는 노동으로 평가 된다. 노동의 질에 대한 평가와 이를 기반으로 한 차등한 대우는 노동사로부터 노동의 존엄성을 빼앗았다.

개신교에서 부지런한 노동자는 하나님의 충실한 종으로 간주되었다. 직업(calling, vocation)은 소명으로 간주되었고 동시에 자존심의 근거가 되었다. 노동의 종류나 목적을 고려하지 않고 부지런히, 열심히 노동하는 것이 덕(德)이 되었다. 종교개혁정신은 고된 노동의 현실을 참아낼 수 있는 인내력을 주었다. 그러나 틀에 박힌 무의미한 노동이 '부름', 즉 "소명"이라 불리게 되었으며, 착취적인 노동 상황이 "하나님이 세운 당신의 자리"라는 명예로운 칭호를 얻게 되는 모순을 낳기도 했다.

모든 노동이 다 신성한 것은 아니다. 노동은 본질적으로 세상을 선하게 하고 하나님이 주신 선물이지만, 인간사회에서 이 본질을 잊고 세상에 갈등과 더 많은 문제를 일으키는 죄이기도 하다. 서로를 나누고 격리하고, 사랑을 파괴하는 노동은 죄 위에 죄를 더하는 일이다. 한 해에 수억 원의 연봉을 받는 사람이 있는가 하면, 수백만 원을 받기도 힘든 사람이 있다. 그나마 일하고 싶어도 일자리가 없는 사람들이 허다하다.

때로는 우리의 노동이 잘못된 구조 속에서 악마적인 노동이 되기도 한다. 어떤 경우에는 우리가 직업으로 행한 노동의 결과물이 남미의 어느 나라에서 부모가 보는 앞에서 그 자녀를 살해하는 무기가 된다면, 이때의 노동은 악마적, 파괴적 노동이 된다.

낙원

그리스도인에게 낙원으로 여겨지는 에덴동산이란 어떤 곳일까? 성서에서 에덴동산을 설명하는 지명을 보면 유프라테스 강, 티그리스 강 등인데 그곳은 현재의 이라크 지역이다. 지금도 그곳이 에덴동산일까? 에덴동산이란 우리가 사는 일터가 창조적인 자기실현의 장이 되어, 저마다 기쁨으로 자기 일에 몰두할 수 있는 곳이 아닐까?

노동이란 어디까지나 삶을 복되고 창조적인 인생이 되게 하기 위한 수단이지 그것 자체가 목적이 아니다. 인간이 노동을 위해 존재하게 되어 주객이 바뀔 때 노동은 소외된다. 소외란 인간이 생산한 생산물, 사회적 상황, 제도, 이데올로기 등이 오히려 인간을 지배하는 낯선 세력이 되어 인간과 대립해 있는 상태를 말한다. 소외된 노동은 소외된 인간을 낳는다.

우리가 만나는 한 사람 한 사람은 일의 필요에 의해 만나는 것이 아니다. 그가 있음으로, 그가 나와 함께 함으로 인해, 상대의 존재 자체로 기쁨이 되는 것이다. 우리는 서로 하나님의 영을 나눈 존재이다. 상대를 어떤 도구로 보는 것이 아니라 상대의 행복과 기쁨을 나 자신의 즐거움으로 삼을 때, 우리 안에 공통으로 계신 하나님의 영에 화답하는 것이 아닐까? 역사 속에서, 이 세상에서, 현실적으로 하나님은 어떻게 일을 하시는가? 하나님은 일하는 사람을 통해서 일하신다. 모든 사람이 다 혁명가, 투사가 될 수는 없다. 또 그럴 필요도 없다. 그러나 우리는 노동을 통해 하나님의 일을 수행함으로써, 우리 일이 하나님의 정의, 평화, 사랑을 창조하는 일이 되게 해야 한다. 우리 각자가 처한 삶의 자리에서 일으키는 이 일, 이 변화야말로 진정한 혁명과 투쟁인 것이다. 하나님은 이 세상의 근원적인 생명들 가운데서 쉴 새 없이 변화, 운동하시며 생명을 가진 모든 것을 통해서 끊임없이 하나님 나라의 평화를 확대하고 지속해 나가신다.

골방에서 하나님을 부르짖으며, 혼자 떨어져 하나님을 찾는다고 하나님께서 찾아오시는 것이 아니다. 하나님은 함께 일할 사람을 찾으신다. 사람은 일을 통해서 하나님과 만나게 되고, 일을 통해서 하나님은 사람 속에서 역사하신다. 그러나 사람은 일을 통해서 동시에 하나님을 배반할 수 있다. 거역할 수 있다. 놀고먹는 사람, 그리고 꾀를 내서 또는 힘을 이용해서, 덫을 놓아서 남의 것을 가로채 먹는 사람, 누군가의 행복을 빼앗고 생명을 노리는 악한 노동에 종사하는 사람은 하나님을 배반하는 사람, 하나님을 거역하는 사람이다.

주님 안에 안식한다는 것은 무엇인가? 이것은 단순히 쉬는 것을 의미하지 않는다. 안식일은 일하지 않는 것이 아니라, 노동이 본래의 자리를 차지하도록 하는 것이다. 노동을 긍정하고 기쁨의 노동이 될 수 있도록 하며, 노동의 존엄성을 인정하고 거룩하게 성화시키는 역할을 하는 것이다. 참다운 노동에 참여하게 될 때, 소외된 노동을 극복하고 안식일의 평화를 목표로 하는 선한 노동에 참여하게 될 때 우리는 비로소 수고하고 무거운 짐 진 자들을 쉬게 하시는 우리 주님의 참된 안식을 맛보게 될 것이다.

일함으로 이웃을 섬기고, 사랑을 확대하고, 슬픔을 나누고, 서로 격려하고, 서로 기쁨과 평화를 소유하게 된다면, 그 일을 통해서 하나님과 공동창조자로 하나님의 창조역사에 참여하게 된다.

어떤 사람이 20만 원 짜리 양복을 구입했다. 그런데 그 사람은 이 양복이 왜 20만원 가치를 갖는가에 대해서 생각해 보기로 했다. 그가 알기로 옷감 값이 10만원이고 양복을 만드는 사람의 공임으로 10만원을 지불했다고 한다. 이 20만 원짜리 양복의 가치가 어떻게 만들어지는지 함께 분석해 보자.

노동, 사랑, 섬김의 그물망

마가 10:44~45(노동주일 설교)

양복 20만원의 가치는 다음과 같이 이루어집니다. 이중에서 인간의 노동력이 차지하는 것을 색칠해 봅시다. 우선 10만원은 양복을 만드는 사람의 노동력 값입니다.

옷감 값 10만원	양복장이의 노동력(10만원)

나머지 반인 옷감 값은 어떻게 이루어졌나요? 그중 5만원이 방직공(옷감 짜는 사람)의 노동력 값이라면, 전체 노동력 값은 15만원인 셈입니다.

실 값 5만원	방직공노동력 5만원

실 값은 또 어떻게 구성되었나요? 양털 값 2만원을 뺀 3만원은 방적공(실 짜는 사람)의 노동력 값입니다.

양털 값 2만원	실 노동 3만원

그럼 이제 18만원이 노동력 값입니다. 양털 값을 빼고는 모두가 노동자에 의해 창출된 가치입니다. 그런데 마지막 남은 양털 값 2만원도 알고 보면 양을 키운 농부나 목동의 노동력 값입니다.

양털 값 2만원

결국 20만원 전체 가치는 노동자들이 생산한 가치입니다.
(한겨레신문, 1990년 5월 3일자 신영복 칼럼에서)

옷감 값이 10만원이고, 실 값이 5만원이라고 흔히 말하듯이, 세상의 물건, 상품들은 마치 그 자체가 가치를 갖고 있는 것 같아 보입니다. 그러나 그것은 허구입니다. 사실은 모두가 인간이 노동을 통해 만들어낸 가치들입니다.

땅을 사서 가만히 놔두면 거기서 가치가 창출되는가요? 지대란 결국 그 땅을 갈고 일한 농부의 노동력이 만들어낸 가치입니다. 그럼에도 수많은 민란이 과다한 소작료로 인해 생겼습니다. 돈을 가만히 맡겨 놓으면 거기서 가치가 창출됩니까? 이자란 결국 그 돈을 가지고 일한 노동자가 만들어낸 가치입니다. 인간의 노동 외에 땅이나 돈 자체는 전혀 가치를 창출하지 못합니다.

가만히 있어도 돈이 돈을 버는 사회, 가만히 있어도 소작료가 들어오고, 지대가 들어오고 땅값이 오르는 사회는 무언가 잘못된 사회입니다. 땅은 땅을 경작하는 농부들의 소유가 되어야 하고, 집은 그 집을 필요로 하는 사람들의 소유가 되어야 합니다. 일하는 사람들이 정당한 대우를 받고 사람답게 살 수 있는 사회, 당당한 주인인 인간이 임금에 묶인 현대판 노예가 되지 않는 사회, 서로의 행복을 소중히 여기며 서로를 위해 존재하는 사회가 바로 우리들이 만들어야 할 에덴동산입니다.

여기 사과가 하나 있습니다. 이 사과의 가치는 무엇이겠습니까? 시골에 계신 어머니가 도시에 나가 공부하는 아들을 생각하며 정성껏 사과나무를 돌보아 탐스런 열매가 맺혔습니다. 그럴 때 이 사과의 가치는 어머니의 땀과 사랑으로 이루어진 것입니다. 이 세상 모든 물질이 가만히 보면 다 인간의 땀과 사랑으로 만들어집니다. 인간의 노동, 그것을 만들어가면서 갖는 수고와 희망, 그리고 그것에 품는 기대 이런 것들이 물질의 가치를 이루고 있습니다. 그것만이 그 전체 가치의 구성요소입니다.

그런데 그것이 시장으로 나와 사과 하나에 천원이란 가치가 부여되면 그 어머니의 땀과 사랑은 감추어지고 단지 물질의 가치는 천원이란 숫자로만 통용됩니다. 그럴 때 우리는 천원이란 가격을 보고 마치 그 사과 자체가 가치를 가진다고 생각합니다. 사실은 어머니의 노동이 가치를 만든 것인데 이젠 사과 자체가 가치를 가졌다고 보게 되는 것, 마르크스의 자본론에 의하면, 이것이 바로 '물신성'인데, 이것은 거짓된 신성이란 의미로 쓰입니다.

그 다음 한 단계 더 올라가면 그 상품을 교환하는 화폐 자체가 가치를 가진다고 봅니다. 이것은 화폐가 갖는 '물신성'입니다. 화폐는 단지 교환을 위한 약속이고 매개체일 뿐인데, 화폐 자체가 내단한 가치를 가진 것처럼 되어 그 안에 담고 있는 본질인 인간의 노동, 땀과 사랑, 그리고 인간 자체는 사라지게 됩니다.

그 다음 한 단계 더 올라가면 자본의 '물신성'이 나옵니다. 이제 그 화폐는 단지 교환을 위한 화폐가 아니고 또 다른 가치를 낳은 자본이자, 투자가 됩니다. 이것은 단지 돈(Money-M)이 아니고 '또 다른 돈'(M´)이 됩니다. 이 자본은 또 다른 자본을 만들어 내며, 돈이 돈을 낳고 황금알을 낳는 거위가 됩니다. 이런 상태가 되면 사람들은 결코 돈을 남을 위해 쓰거나 내 놓을 수 없습니다. 없는 사람은 "에이 택시 타지 말고 지하철 타면 되지", "에이 당분간 국수 삶아 먹지"하면서 남을 위해 돈을 쓸 수도 있습니다. 그러나 돈을 자본으로 여기게 되면 이것이 또 다른 부를 낳는 씨암탉이 되므로 결코 남을 위해 쓸 수 없습니다.

그러나 사실 자본 자체가 가치를 만들어 내지는 않습니다. 그 자본을 가지고 일하는 사람들의 노동이 그 자본에 부가가치를 만들어 내는 것입니다. 아무리 돈을 보관하고 묵혀두어도 거기에서는 가치가 나오질 않습니다. 그 돈을 이리저리 쓰고 가치를 만들어 내는 주인은 인간이지 그 자본 자체가 아닙니다. 이런 상품과 돈과 자본의 물신성은 본래 가치를 만들어 내는 것이 아님에도 불구하고 그것들이 마치 가치를 가지고 있는 것처럼 여겨집니다. 그리고 인간이 이것을 얻기 위해 쫓아다니는 삶을 살게 된다면, 주인이 되어야할 인간이 물질의 노예가 되는 주객전도가 일어나는 것입니다.

참다운 본질은 물질이 아니고, 인간 자체입니다. 그러므로 그 인간과 인간이 노동을 통해 서로를 섬기는 것을 서로가 서로에게 베푸는 은혜로 인식해야 합니다. 우리는 모두 노동의 그물망, 섬김의 그물망 속에서 살고 있습니다. 보십시오. 아무리 혼자 잘났다고 하는 사람도 남의 노동과 그들의 섬김이 없다면 한시도 존재할 수 없습니다. 여러분이 현재 입고 계신 옷, 그것이 여러분이 만든 것입니까? 여러분이 신은 신발, 그것이 여러분이 만든 것입니까? 주머니 안의 볼펜도 여러분이 만들었습니까? 지금 이 자리에 우리가 앉아 있는 것에서부터 당장 이 건물 밖을 나서면서 부딪치는 모든 일들이 다 타인의 노동과 땀의 결과에 힘입은 것입니다. 그들이 베푸는 은총에 기대지 않으면 우리는 존재할 수도 없습니다. 그들 나름대로의 섬김의 역할이 없이는, 그 혜택이 없이는 우리가 살아갈 수 없습니다. 우리가 존재한다는 것은 그것 자체가 나 아닌 다른 존재로부터 받은 은혜이고 은총입니다. 우리는 은총의 그물망, 섬김의 그물망 속에 푹 빠져서 살아가고 있는 것입니다. 이 얼마나 가슴 벅차고 감격스러운 일입니까? 그러니 감사하십시오. 크게 기뻐하십시오. 우리는 이렇게 서로 섬기며 살아가도록 되어 있습니다. 그러면서 나는 무엇을 할 것인가를 생각해 보십시오. 내가 잘할 수 있는 일, 내게 주어진 능력을 통해서 우리도 우리 나름대로 작은 섬김의 역할을 찾아내고 만들어 가야 할 것입니다.

에덴동산

삶의 권리, 생명의 조건

미리 살펴보기

하나님은 인간을 창조하시고 살 수 있는 여건을 마련하다. 하나님이 인간에게 베풀어 주신 것은 무엇인지 찾아보자. (답은 4장 끝에)

성서의 인간 창조	성서구절	현대적 의미(오늘의 인권)
인간의 몸+하나님의 영	창세기 2:7	신체(몸)의 불가침권
동산	창세기 2:8	( )
( )	창세기 2:9	자신의 배를 채울 권리, 생존권
그에게 주어진 일	창세기 2:15	( )
( )	2:18이하	사람들과 자유롭게 만나고 사귈 수 있는 권리
하나님과의 만남	2장 전체	( )

일반적으로 창세기 2장을 인간 창조의 이야기라고 말한다. 그러나 하나님은 사람만을 뎅그러니 창조하신 것이 아니라 인간 삶에 필요한 것들을 함께 만드셨다. 주변 환경, 양식, 일, 공동체, 창조주 하나님과의 관계 등 모든 것을 인간 창조의 과정으로 보았고, 이러한 것들이 모두 갖추어진 그 총체성으로서의 "인간"을 만드신 것이다. 즉 인간 자체뿐만이 아니고 인간이 속한 주변 환경, 양식, 주거, 직업, 공동체 모두가 갖추어졌을 때라야 비로소 인간 창조가 완료된 것이다.

민주화 운동 시절에 우리는 상당히 소극적인 방법으로 '인권'을 말해왔다. 누가 감옥에 갇혔다든가, 의문의 죽음을 당했다든가, 고문이나 부당 해고를 당했을 때라야 '인권'을 소리 높여 외쳤다. 즉 침해당했을 때라야 그것을 지켜내는 개념으로서 인권을 말해왔다. 하지만 이것은 지극히 방어적이고 소극적인 자세이다.

엄밀히 따지면, 우리가 사는 사회 안에서는 '돈권'만 존재하고 인권은 없다. 맘몬, 돈의 힘이 모든 것 위에 군림하고 있다. 돈 없이 시내에 나가 본적이 있는가? 거기서 무엇을 할 수 있는가? 돈 없이는 아무 것도 할 수 없다. 마치 온 몸을 꽁꽁 묶어 놓은 것과 같은 느낌을 가질 것이다.

가장 기본적인 인권, 즉 사람으로서 꼭 누려야 할 권리는 인간 생존에 필수적인 의식주의 권리일 것이다. 그 중에서도 인간 생존에 가장 필수적인 것은 역시 먹는 권리이다. 그러나 우리 사회에 먹는 권리가 확립되어 있는가? 먹을 권리, 이것은 가장 기본적인 생존 권리임에도 돈의 힘 아래 종속되어 있다. 그러나 성서의 법은 다르다.

"당신들이 이웃 사람의 포도원에 들어가서 먹을 만큼 실컷 따먹는 것은 괜

찰지만, 그릇에 담아가면 안 됩니다. 당신들이 이웃 사람의 곡식밭에 들어가 이삭을 손으로 잘라먹는 것은 괜찮지만, 이웃의 곡식에 낫을 대면 안 됩니다."(신23:24-25)

성서의 법에 따르면, 남의 밭에 들어가 낫으로 베어 나오거나 그릇에 담아오면 절도에 해당하지만 배고픈 사람이 먹는 것은 아무런 문제가 되지 않는다. 먹는 것에 대한 혁명적인 권리를 말하는 놀라운 말씀이다. 물론 밭의 곡식은 그것을 소유하고 있는 사람의 몫이지만, 배고픈 사람이 어느 밭에 들어가더라도, 자신의 배고픔을 채우려는 목적이면 그 곡식의 소유 여부를 넘어서 우선적으로 취득할 권리를 갖는다. 여기에는 이 세상 곡식은 배고픈 사람, 그것을 간절히 필요로 하는 사람의 몫이라는 엄청난 발상이 숨어 있다.

인권도 막연한 개념이 아니다. 구체적으로 '인간다움'을 마땅히 누릴 수 있게 하는 물질적 조건들이 충족되어야 한다는 요구가 들어있다. 어떤 물질에 대한 권리가 발생하는 것은 그 물질을 소유한 사람에게 권리가 주어진다는 것이며, 이것이 기본원칙으로 통용되고 있다. 그러나 이런 개념은 엄밀히 말해서 이차적인 권리이다. 이것은 사회적인 권리일 뿐, 이것에 앞서는 권리가 있다. 그것은 인간이 물질에 대해 가지는 "필요"이다. 이것은 보다 일차적이고 본능적이며, 적극적인 소유의 근거이다.

필요는 '소유'를 낳게 하는 본질이며 그 '소유'를 가능하게 만드는 기본적 동기이다. 우리는 더 많은 것들을 소유하려고 애쓰지만 무언가를 소유하고자 할 때에는 그에 앞서 내가 무엇 때문에 소유하려고 하는가 하는 '본래적 필요'를 심사숙고해야 한다. 소유 자체를 기쁨으로 여기며 필요하지도 않은 것을 갖기 위해 물질의 노예가 되어 평생을 끌려 다니는 현대인들이 적지 않다.

직접적인 필요 없이 부재지주가 땅을 많이 가지고 있는 사회는 건강한 사회가 아니다. 땅을 실제로 경작하는 농부들이나 그 땅의 사용자들이 땅을 가질 때 건강한 사회가 된다. 소유는 그 법적 틀과 사회적 틀에 있지 않고 '필요' 위에 있을 때 비로소 건강해 진다.

그 다음 인간에게 시급한 것이 바로 주거권이다. 사랑스런 가정을 꾸려갈 수 있는 공간, 먹고 잠자고 사랑하고 살아갈 수 있는 공간은 인간 삶의 가장 기본적인 권리이다. 주거공간이 주어지지 않는다는 것은 인간생활의 기본 조건이 결여된 것이다. 그러나 우리 사회에서 주거는 더더욱 말할 것 없이 경제력이 전제되어야만 한다. 봉급쟁이가 평생 돈을 모아서 집 한 칸을 장만할 수 있는 것이 우리 현실이다. 살아가는데 기본적으로 필요한 것을 인생의 말년에 가서야 겨우 얻게 된다.

지금 우리 주변에는 비닐하우스 촌을 전전하며 비인간적인 삶과 모욕을 견디며 살아가는 사람들이 있다. 우리는 단지 그들을 자본주의 경쟁에서 낙오된 열등한 부류쯤으로 여겨 물 건너 불구경하듯이 뒤틀리는 삶의 모습과 이지러진 얼굴들을 쳐다보고 있다. 그들이 겪는 불행의 근본은 자신의 소유로 된 집이나 한줌의 땅을 가지고 있지 못한 현실에 있다. 먹는 조건조차 충족하기 힘든 빈민으로서는 거액의 돈으로만 살 수 있는 부동산을 마련할 길이 없다. 주거권은 인권의 가장 기본적인 권리이지만 아직 우리 사회에서는 '주거권'이란 이름조차도 생소하다. 또한, 청년들의 주거는 대부분 원룸과 고시원이다. 사회생활을 시작해 발생한 소득은 주거비로 나가고 이른바 하우스푸어가 발생한다. 도심 아파트에 들어갈 수 없는 이들은 하루 3시간이 넘는 출퇴근을 감수하면서 외각으로 집을 얻는다.

참여정부 아래에서 비로소 '주거권'이란 개념이 법제화되고 인간의 최소 주거기준이 법적 권리로 선언된 것은 큰 발전이라 볼 수 있다. 2003년에 마련된 이 법은 국민이 4인 가족을 기준으로 할 때 약 11.4평 정도의 주거최소기준을 가질 수 있는 기본적인 권리를 규정하고 있다. 여기에는 주거환경 기준과 함께, 살아가는 데 꼭 필요한 기본 조건 등을 함께 명시하고 있다. 그러나 보수정권이 들어서면서 이 조문은 아예 사장된 법조문일 뿐이다. 아직은 여기에 해당하는 국민이 얼마나 되는지 기초조사도 안되어 있는 형편이고, 지금으로서는 단지 선언뿐인 그림의 떡에 불과하다. 이 법이 현실적인 국민의 권리가 되게 하기 위해 구체적인 시행령을 제안하는 정파조차도 없다. 자고 일어나면 아파트 값이 몇 천 만원이 올랐느니 마니하면서 온 국민이 부동산 폭등에 휘둘리며 민심은 술렁이지만 서민들의 아픔은 아무도 만져주려 하지 않는다.

창조 이야기는 적극적인 의미로 인간을 말하며 적극적인 권리로서의 인권을 말한다. 돈을 매개로 하지 않더라도 당연히 배고픈 사람이면 먹을 수 있는 권리, 살아가는데 필요한 주거 공간을 가질 권리, 자기가 기쁨으로 일할 수 있는 직업을 가질 권리, 사람들과 자유롭게 만나고 사귈 수 있는 권리, 그 위에 하나님과의 조화로운 사귐을 가질 수 있는 권리 등 이 모두를 포함한 것이 인간 창조의 완성된 모습이다. 이러한 총체성이 복구되지 않고 동떨어진 인권을 말하는 것은 아무런 의미가 없다.

그런데 이렇게 인권 개념을 구체적인 인간의 권리, 의식주 등의 권리로서 이해할 때, 자칫하면 인권이 물화(物化)되기 쉽다. 물질적 조건들이 기본 요소가 되어야 하지만 그것 자체가 이루어졌다 해서 인권이 완성되었다고 볼 수는 없다. 물질적인 조건이 꼭 필요한 것이지만 그것 자체로 완결적인 목표가 되어서는 안 된다. 이러한 조건들을 넘치게 가지고 있다고 해서 그것으로 행복이 보장되고 인권이 충족되는 것은 아니기 때문이다.

인권이란 우리 주변에 함께 기쁨을 만들어 가는 과정이며, 사람에게 필요한 것들을 서로 헤아리고 충족시켜 주고 또 노력해 가는 과정 속에서 나오는 것이며, 인간을 향한 따뜻한 애정이 끓어오르는 우리들 가슴 속에서 나오는 것이기도 하다. 우리들이 가지는 목표들을 향해 함께 나아가는 과정이 인권이고, 그런 목표를 함께 찾아가는 감격이 인권이고, 그런 목표가 우리 현실과 너무 아득하게 느껴질 때 함께 우는 것이 인권이며, 우리 앞을 가로막는 큰 적 앞에서 맞서 대항하고 또는 부딪혀 절망하는 가운데 서로를 위로하는 따뜻함 속에서 느낄 수 있는 것이 인권이다. 그러기에 인권은 물질적인 것만이 아니며, 함께 만들어가는 과정 속에 있는 것이고 함께 가는 사람들의 관계 속에 존재하는 것이다.

이상적인 남녀관계

"여자는 조용히 언제나 순종하는 가운데 배워야 합니다. 여자가 가르치거나 남자를 지배하는 것을 나는 허락하지 않습니다. 여자는 조용해야 합니다. 사실 아담이 먼저 지으심을 받고, 그 다음에 하와가 지으심을 받았습니다. 아담이 속임을 당한 것이 아니라, 여자가 속임을 당하고 죄에 빠진 것입니다. 그러나 여자가 믿음과 사랑과 거룩함을 지니고, 정숙하게 살면, 아이

를 낳는 일로 구원을 얻을 것입니다. 이 말은 옳습니다."(딤전2:11-3:1)

성경말씀을 읽은 다음에 자동으로 '아멘' 소리가 따라 나오는 게 습관이 되어버린 기독교인이지만 여성이라면 이 구절에 '아멘'을 하기가 쉽지 않을 것이다.

이 구절에서는 남자가 우월한 이유를 두 가지로 들고 있다. 첫째는 남자가 여자보다 먼저 지음 받았고, 둘째는 여자가 속임 당해 죄에 빠졌다는 것이다. 그러나 남자와 여자는 동시에 창조되었다. 먼저 지음 받은 '아담(adam)'은 '남자'를 말하는 것이 아니라 '사람, 인류'라는 뜻이다. 남자는 히브리어로 이쉬(ish)이고, 여자는 이샤(isha)이다. 이러한 남녀의 구분이 성서에 처음 나타나는 것은 "남자에게서 나왔으니 여자라고 부를 것이다"(창2:23)라는 대목이다.

이 구절의 우리말 번역에서는 원문의 맛이 깨질 뿐 아니라, 왜 '남자에게서 나오면 여자'가 되는 지에 대해서 이해하기가 어렵다. 원어로는 "ish에서 나왔으니 isha라 하리라"고 되어있다. 예를 들면, "곰에서 나왔으니 곰탱이라 하리라"와 같이 말의 맛을 살린 '언어 유희적 표현'이다. 여기서 처음 남자와 여자의 구분이 나타난다. 하긴, 여자가 없는데 어찌 남자가 있겠는가? 아남은 남녀 구분 이진의 사람 혹은 인류를 말할 뿐이다. 여자가 생기면서 동시에 남자도 생긴 것이다.

또 영어의 'man'을 사람 또는 남자로 보듯이(물론 이것은 서양의 가부장적 문명에서 남자만을 사람으로 여긴 언어의 흔적이다) 아담을 남자로 본다고 하면, 그래서 남자가 여자보다 먼저 창조되었다고 굳이 강변한다면, 창세기 2:17의 앞뒤 순서를 살펴보라. 선악과를 따먹지 말라는 금지명령은 여자가 생겨나기도 전의 일이다. 선악과 금지의 명령은 남자에게만 주신 명령이 된다. 그때 여자는 아직 창조되기 이전이니 말이다. 그렇게 된다면 선악과를 따먹지 말라고 한 책임에서 여자는 자유롭다. 그 명령은 하나님과 남자의 약속이다. 여자는 당사자가 아니다. 그런데 그 자리에 있지도 않았던 여자에게, 약속 당사자도 아닌 여자에게 온갖 죄를 뒤집어씌우는 것은 정당한가? 만약 아담을 남자라고 하여, 남성의 우선 순위를 고집한다면 적어도 죄의 기원에 대한 책임을 묻지 않든가, 혹은 그 책임을 물으려면 아담을 남녀 구분 이전의 단순한 '사람'으로 보고 남자가 먼저 창조되었다는 주장은 거두어야 할 것이다.

그런 의미에서 앞에 인용한 디모데전서의 말씀은 온갖 못된 것은 전부 여자의 책임으로 뒤집어씌우고 있다. 그러나 위에 언급한 디모데전서의 말씀은 당시의 최고 경전인 오경을 재해석한 이차적 자료이다. 때로 바울은 하나님께 받은 말씀과 자신의 말씀을 구별해서 쓰기도 한다. 여기 디모데의 말씀은 원전이 되는 창세기의 뜻을 제대로 해석하지 못했다고 할 수 있다.

하나님께서 도우시는 존재

창세기 2장 18절은 여자를 '남자를 돕는 배필'이라고 한다. 여자는 '남자를 돕는 존재'로 지음 받았으니 그런 역할을 하는게 여성 창조의 목적을 따라 사는 삶일까? 그런데 여기서 '돕는(ēzer) 존재'에서 에첼이란 단어가 동사로 쓰이는 경우 주로 주어가 하나님일 때 많이 쓰인다. 따라서 위의 말은 '하나님께서 직접 도우시는 존재'란 뜻으로 이해할 수 있다. 여자를 '남자를 돕는 존재'로 목적어를 중심으로 보는 것이 아니

라, 그(남자)를 위해 하나님께서 직접 도우시는 귀한 존재를 남자의 짝
으로주셨다는 뜻이다.

배필에 해당하는 히브리어 '크네그도'(kenegdo)는 대등한 위치의 상
대자(counterpart)를 말한다. 창세기의 남녀 관계는 사랑과 존경으로 이
루어지는 결합을 말한다. "이는 내 뼈 중에 뼈요, 살 중에 살이라."(창
2:23, 개역) 이보다 더한 사랑의 고백이 어디에 있겠는가? 남녀는 구원
의 동반자로서 서로 보완해 주는 가운데 성숙하며, 서로의 완성을 향해
돕는 존재라는 사실을 말한다.

첫 사람 아담과 하와는 에덴동산에서 완벽한 관계로 시작했다. 그
들의 관계는 "서로 알몸으로 어울려 살되 부끄러움을 모르는" 관계였
다.(창2:25) 이것은 완벽한 조화와 완전한 개방을 말한다. 더 이상 자기
자신을 꾸며대지 않아도, 자신을 있는 그대로 완벽하게 이해하고 무엇
이든지 받아 줄 수 있는 인간관계다.

인간관계에는 수많은 담이 겹겹이 쌓여 있다. 우리는 서로 간에 얼
마나 많은 담을 쌓고 사는가? 나는 남자이고 당신은 여자이고, 나는 전
라도이고 당신은 경상도이고… 또 경제력, 학력, 사회적 신분 등등 수
많은 구별과 차별의 옷을 입은 채 우리는 이웃과 구분 짓고 담을 쌓으
며 살고 있다. 그리고 그 담 안에 갇혀 답답해하며 살아 간다. 그것도
만나는 사람마다 벽을 쌓는 정도가 다 다르다. 서로 친분 정도에 따라
다른 높이의 벽을 쌓으며 관리해 나간다.

우리는 스스로 많은 비밀의 담을 쌓아 놓고 그 안에서 답답하고 외
롭다며 괴로워한다. 자기방어를 위한 이런 담들은 일심동체라는 부부
간에도, 그 몸의 분신인 부모 자식 간에도 존재한다. 왜 자신을 공개하
고 개방하지 못하는가? 상대방이 내 자신 그대로를 받아주지 않을 것

같기 때문이다. 아무도 신뢰하지 못하는 삶 속에 우리는 스스로 "혼자 세상에 던져졌다"고 한탄하기도 한다. 자신을 은폐하고 가리며 담을 쌓는 것은 얼마나 우리 자신을 힘들고 어렵게 만드는가?

그렇다고 숨겨진 어떤 고백을 털어 놓으라며 누군가에게 강요하자는 말이 아니다. 그 전에 전적으로 열린 마음으로 서로를 인정하고 신뢰해야 한다. 무엇이든 좋은 쪽으로 받아들이고 용납할 수 있는 공동체를 만들어나가며, 그 안에서 건강한 인간관계를 그리며 실현해야 한다. 먼저 자신이 소속된 교회가 열린 인간의 냄새가 풋풋하게 나는 공동체가 되게 해야 하며, 그 경험을 우리가 속한 사회 전체 속으로 확장해 나가야 할 책임이 있다. 남녀, 빈부, 신분, 학력, 나이 등등 모든 배타성을 극복하고 서로를 온전하게 이해하는 공동체, 인간에 대한 깊은 신뢰와 사랑을 가지고 서로를 있는 그대로 이해할 수 있고 용납하고 받아들일 수 있는 공동체가 되게 해야 한다. 사람이 사람의 일을 이해하지 못할 것이 무엇이 있겠는가? 아무리 세상이 도리질을 하는 흉악한 범죄자가 있더라도 그의 부모는 말할 수 없는 애정으로 그를 보고 이해할 수 있다. 에덴동산의 인간관계는 바로 그런 관계이다. 열리고 개방된 마음으로 서로 모든 것을 이해하고 받아들이는 관계이다.

각자를 있는 그대로 이해하며 그것으로 인해 부끄러움이 되거나 누구를 정죄하지도 않는 공동체, 숨길 필요도 없고 숨기지도 않는 "빛 가운데의 사귐"(요일1:7)이 이루어지는 공동체를 생각해 보자. 요한일서는 이러한 공동체를 꿈꾸며, "예수의 피가 우리를 모든 죄에서 깨끗케 해 주시는 것"을 바로 이런 관계와 사귐 속에서 찾고 있다. 새로운 공동체 안에서 서로의 허물을 알고 이해하며, 서로 간의 완벽한 이해와 존경으로 맺는 형제자매의 관계가 이루어지는 것, 이것이 바로 "예수의 피가 죄에서 깨끗케 하시는 능력"인 것이다.

사람은 본래 하나님의 형상으로 지음 받았기에 사람과 사람의 관계가 하나님과의 만남에 이르게 된다면, 더욱 심오하고 깊고 오묘한 차원을 가질 수 있다. 각자가 먼저 마음을 열고 다가갈 때 서로의 마음이 열리게 되며, 비로소 "빛 가운데의 사귐"이 가능하다. 서로를 인정하고 무한한 신뢰와 존경을 주고받는 관계가 이루어진다면 우리가 보는 모든 것이 새로운 차원을 가질 수 있다. 그 곳이 바로 에덴동산이다.

오늘 공부한 인간 창조 외에도 성서에서 인권의 근거로 내세울 수 있는
근거들은 무엇일까 이야기해 보자.

인권과 축복의 근거

민수기 6:22~27(인권주일 설교)

우리 인간은 저마다 능력의 차이가 있습니다. 저마다 인격의 차이도
있고 개인이 가지고 있는 지식의 차이도 상당합니다. 이런 차이에 직면
하면 우리는 "어떻게 같은 사람인데 저렇게 다를 수 있을까?"하고 생각
하게 됩니다. 그것이 아주 작은 차이일지라도 각 사람이 사회에서 받는
대접은 천차만별입니다. 우리 사회는 누군가와 견주어 사람을 골라 써
야 하기 때문에 이러한 차이를 발견하는 기술이 다양하고 세밀해졌으
며 그에 따른 인간의 가치평가도 역시 천차만별입니다. 이런 차이를 중
심으로 생각하면 인권은 존재하기 어렵습니다.

단거리 달리기나 수영 같은 스피드 경기에서는 결승점에서 육안으
로는 구별이 안 되기 때문에 수천배속의 느린 화면이 0.001초의 차이를
판별해 냅니다. 쇼트트랙 경기에서도 똑같이 들어간 듯 보이지만 먼저
발을 쭉 뻗어 앞으로 내 놓는 사람이 승자가 됩니다. 그들 사이에 큰 차
이는 없지만 일단 승자와 패자로 나뉘게 되면 그 결과는 엄청나게 다릅
니다.

그런데 지금까지의 우주진화 과정을 하루로 계산한다면 오늘의 인
류가 출현한 시간은 23시 59분이라고 합니다. 이처럼 우리들 각자는 서

로 다른 점보다는 99.9%의 같은 점을 가지고 있는 인간입니다. 그러나 우리는 그 미세한 나머지 0.1%를 극대화시키고 그 차이에 근거해 인간 가치를 평가합니다.

어떤 은행 이미지 광고에서는 B-Boy가 나와서 "나는 춤을 추는 것이 아니다. 대한민국의 일등이 세계의 일등이 될 수 있다는 것을 보여줄 것이다. 대한민국을 넘어서…."라고 말합니다. 춤 같은 문화와 예술의 영역에서도 일등과 최고를 운운하며 경쟁심을 불어 넣는 것 같아서 좀 씁쓸합니다. 얼마 전에 본 다른 기업 이미지 광고에서는 아폴로 우주선과 관련된 영상이 나오면서 '일등만이 살아남는다. 2등은 기억되지 않는다.'는 내용의 카피를 내세우고 있었습니다. 상업주의 사회에서 특허권이란 것은 1등만을 인정하고 2등부터는 인정하지 않는 제도이다 보니 당연히 이런 식의 사고에 익숙하겠지만, 공중파 방송까지 앞 다투어 1등만이 살아남는다는 살벌한 사회법칙을 강조하는 것 같아 역시 씁쓸했습니다. 남을 다 죽이고 홀로 살아남는다고 하더라도 그것이 무슨 대안이 되며, 우리들에게 무슨 희망을 줄 수 있겠는가 하고 염려해 봅니다.

왜 인간은 자꾸 무언가를 평가하고 나누려고 하는가? 왜 매사에 1등, 2등을 구별 짓는가? 아마 순진한 답변을 하는 사람은 "보다 우수한 노동력을 얻기 위해서"라고 할 지 모르겠습니다. 그러나 거칠게 이야기하면 "인간 사회의 차별을 감추기 위해서"라고 함이 솔직할 것입니다.

우리는 역사 시간에 조선시대의 과거제도를 배웠습니다. 그리고 과거제도가 "인재를 고루 등용하기 위한 제도"라고 공부했습니다. 그런데 과연 과거제도가 공평한 인재 등용문입니까? 이는 소가 웃을 이야기입니다. 천민에게 아예 글도 안 가르치고, 교육 기회도 주지 않고, 그들을 온갖 노동에 찌들게 해놓고는 밤낮 글만 들이파는 양반과 어찌 글로 대결하면서 공평을 운운하겠습니까? 누가 밭을 빨리 매는가? 누가 집을 잘 짓는가? 누가 요리를 잘하는가? 하는 것으로 과거 시험을 할 수 있다면 물론 공평할 수 있겠지요.

마찬가지로 민주주의 사회에서 기회의 균등 운운하며 교육제도에 대한 평등을 이야기하지만, 그 실상은 불공평하기 이를 데 없습니다. 재력이 있는 사람들은 아이에게 초등학교부터 학원을 서너 개씩 다니게 하고, 아이의 학창시절을 사교육으로 도배하면서 결국 자녀를 일류 학교에 집어넣는 것이 현실입니다. 아이들의 능력과 상관없이 부모의 재력이 모든 것을 만들어가는 현실 속에서 우리는 살아가고 있습니다. 단지 부에 의해 취득된 학습능력 하나만으로 자녀들의 삶은 일류, 삼류로 나누어지고, 그들의 재력은 우수한 학벌을 낳습니다. 그것이 높은 사회적 신분과 고수입을 보장하면서 이러한 불평등의 순환은 계속됩니다. 대졸, 고졸이냐? 학위가 있는가, 없는가? 학교를 나왔다면 어느 학교를 나왔는가? 이러한 모든 차이들은 사회적 차별을 합리화하는 도구가 됩니다. 현대사회에서는 간접적인 신분제인 셈입니다. 그것은 결코 능력의 차이도 아니고, 사회적 적응성이나 인간성의 차이도 아닙니다.

그러면 하나님께서 인간을 평가하시는 기준은 어디에 있을까요? 물론 구약에도 우리가 '하나님의 말씀을 따르는가, 아닌가.' 하는 기준이 있기는 하지만 이러한 기준 외에 구약 전편은 우리들의 동질성을 강조하는 내용들로 가득 차 있습니다. 그래서 모든 하나님의 명령과, 법이 제시되는 근거로 "너희가 이집트 땅에서 종살이하던 때를 기억하라!"거나 "광야로 돌아가자!"라고 합니다. 이것은 그들 사이에 어떤 차별이 생기기 전의 사회로 돌아가자는 말입니다. 인간의 동질성에 호소하며 모두가 공통으로 가져야 할 권리를 주장하는 것입니다.

신약시대 예수님은 인간이 하나님의 말씀을 따르는가, 아닌가의 기준마저도 철폐하셨습니다. 그 분은 그 당시 하나님의 명령과 율법을 잘 준수한다는 율법학자와 바리새인이 민중을 정죄하는 것을 보시고, 오히려 종교적으로 제 의무를 다하지 못하는 민중의 편에 서서 바리새인과 율법학자들을 나무라셨습니다. 이것은 인간 평가의 새로운 기준을 제시한 것입니다. 그것은 자신의 공적에 의거하지 않고 전적으로 하나님의 사랑에 의거한다는 선언입니다.

다음 본문은 민수기에 기록된 전통적인 제사장의 축복선언문입니다.

> "주님께서 당신들에게 복을 주시고
> 당신들을 지켜 주시며
> 주님께서 당신들을 밝은 얼굴로 대하시고
> 당신들에게 은혜를 베푸시며
> 주님께서 당신들을 고이 보시어서
> 당신들에게 평화를 주시기를 빕니다."(민6:24-26)

이 말씀을 보면, 주께서 우리에게 복을 주시고 우리를 지켜 주시는 근거는 우리 자신의 이러저러한 업적, 공적, 공과에 의한 것이 아니라 하나님께서 우리를 밝은 얼굴로 대하시고 우리에게 은혜를 베푸시며 결정적으로 "우리를 고이 보아주시는" 주님의 너그러움 때문이라는 깃을 알 수 있습니다.

이렇듯 오늘 우리가 못났음에도 불구하고 우리들의 인권을 주장할 수 있는 근거는 그 분께서 우리를 곱게 보아주시는 은총입니다. 하나님께서 자신을 십자가에 달리게 하기까지 우리를 사랑해 주시는 그 사랑과 은총에 근거해서 우리는 우리들의 인권을 주장할 수 있는 것입니다.

누구나 배고픈 사람은 그 배고픔 자체로 먹을 수 있는 권리를 가짐니다. 입을 수 있는 권리가 있으며, 저마다 쾌적한 주거 환경에서 거주할 주거 권리가 있고, 가족은 물론 주변 이웃과 더불어 공동체를 이룰 권리가 있으며, 저마다 자신의 행복을 추구할 권리가 있으며, 자신의 명예를 지켜갈 권리가 있으며, 자신에게 유리하게 자신을 방어할 권리가 있습니다. 그리고 우리들의 자유로운 의지로 하나님 앞에 나아갈 권리(신앙의 자유)가 있습니다.

우리들 사이에 여러 가지 차이점이 있음에도 불구하고, 그것들은 차별적인 대우를 받아야 할 근거가 되지 못합니다. "인간으로 태어났다"는 선포 자체가 우리들이 누려야 '권리의 총량'을 말하는 것이며 이것은 동시에 하나님께서 우리에게 주시는 '은혜의 총량'이기도 합니다.

▶ 미리 살펴보기의 예

성서의 창조	성서구절	오늘의 인권
인간의 몸+하나님의 영	창세기 2:7	신체(몸)의 불가침권
동산	창세기 2:8	환경권, 주거권
양식(동산의 과일)	창세기 2:9	자신의 배를 채울 권리-생존권
그에게 주어진 일	창세기 2:15	직업을 가질 권리
하나님과의 만남	창세기 2장 전체	사람들과 자유롭게 만나고 사귈 수 있는 권리-사회적 권리
		신앙의 자유와 권리

05

원역사 이야기

　어느 문화에서든 낙원, 즉 이상세계(paradise) 이야기는 그들이 살아가는 사회의 모순, 그 세계가 빠지기 쉬운 문화적 약점들을 극복한 모습으로 나타난다. 그러므로 낙원 이야기는 여러 가지 의미가 함축된 매우 중요한 이야기이며, 그 시대를 살아가는 사람들에게 근원적인 힘을 부여하기도 한다. 5장에서는 에덴동산에서 사람이 추방당한 이후의 이야기들을 생각해보기로 한다. 여기서는 고대 근동지방에서 떠돌던 여러 가지 신화들도 함께 소재로 삼았다. 그 이야기들은 꿈을 깨뜨린 현실의 역사를 반영하고 있으며, 그들이 살아가는 세상에 대한 냉철한 비판이기도 하다. 동시에 그 사회가 가장 아쉬워하고 갈급해 하는 바가 무엇인가를 잘 보여준다.

미리 살펴보기

1) 선악과를 따먹은 인간에게는 어떤 결과가 생겼는가? (창세기 3:8-10, 3:16, 3:17-19)

2) 다음은 창세기 1장에서 11장까지의 구조이다. 빈칸에 있는 성경구절을 읽고 하나님께서 베푸시는 구원의 약속이나 상징을 찾아보자.

성서의 사건	범죄에 대한 벌칙	구원의 상징
에덴동산	반드시 죽으리라	(창3:21)
가인과 아벨	살인죄	(창4:15)
노아홍수	쓸어버리겠다	(창9:8-17)
바벨탑	온 땅에 흩어버림	(창12:1-3) 아브라함을 부르심

선악과를 따먹은 인간은 하나님이 동산에서 거니시는 소리를 듣고 두려워서 "주 하나님의 낯을 피하여서, 동산 나무 사이에 숨었다"(3:8)고 한다. 하나님과 자유로운 만남과 소통이 가능했던 인간은 이제 하나님과의 만남을 두려워하고 숨게 된다. 죄는 이렇게 인간과 하나님 사이의 단절을 가져온다.

단절은 인간과 인간 사이에도 찾아온다. 상대를 보고 환호하며, "이는 내 뼈 중에 뼈요 살 중에 살이라"(2:23)고 하던 사이가 이제는 "하나님께서 저와 함께 살라고 짝지어 주신 여자, 그 여자가 그 나무의 열매를 저에게 주기에, 제가 그것을 먹었습니다."(3:12) 라고 핑계를 대며 고발하는 사이가 된다. 하나님께서는 "네가 남편을 지배하려고 해도 남편이 너를 다스릴 것"(3:16)이라고 말씀하시면서 그들의 깨어진 관계를 조명하신다.

에덴동산에서 쫓겨날 때 하나님께서는 그들에게 옷을 지어 입혀 주셨다. 옷은 인간을 보호하기도 하지만, 한편으로는 인간 상호간의 차별을 상징하기도 한다. 고대 사회에서 옷이란 그들이 사는 사회에서의 신분과 계급을 구분하는 표식으로 쓰였다. 이처럼 서로 한 몸이던 인간 사이는 그들의 죄로 인하여 단절돼 버렸다.

단절은 자연으로도 확대되었다. 하나님은 "이제, 땅이 너 때문에 저주를 받을 것이다. 너는 죽는 날까지 수고를 하여야만, 땅에서 나는 것을 먹을 수 있을 것이다. 땅은 너에게 가시덤불과 엉겅퀴를 낼 것이다. 너는 들에서 자라는 푸성귀를 먹을 것이다. 너는 흙에서 나왔으니 흙으로 돌아갈 것이다. 그 때까지 너는 얼굴에 땀을 흘려야 낟알을 먹을 수 있을 것이다. 너는 흙이니 흙으로 돌아갈 것이다"(3:17-19)라고 말씀하신다.

하나님-인간-자연의 조화로운 상호관계가 에덴동산에서의 이상적인 관계였다면, 선악과 이후의 모든 관계는 서로 숨기고 피하고 적대하고 저주를 내리는 관계로 변하고 말았다. 노동을 통해서 자연과의 관계 회복을 부분적으로 시도할 수 있고 그것으로 먹고 사는 문제를 해결해야 한다지만, 그것은 깨어진 관계를 회복할 수 있는 아주 작은 부분에 지나지 않는다. 인간과 하나님, 그리고 인간 서로간의 관계를 이제 어떻게 복원할 것인가? 인간의 삶은 이 숙제를 풀기 위해 답을 찾는 여정일 것이다. 즉, 하나님과의 관계를 회복하고 다시 하나로 돌아가는 것이다.

창세기 1장부터 11장은 고대 근동지방에 공통으로 전해지던 신화 이야기들을 서론처럼 모아 놓은 것이다. 앞에서 보았듯이 그 이야기들을 그대로 옮긴 것은 아니며, 나름대로 각색하고 재창조했다. 즉 이스라엘인은 고대 근동지방의 신에 관한 이야기들을 사신들의 하나님에 관한 이야기로 풀어냈다. 그리스도인은 이것을 시원이 되는 역사, 즉 원역사(原歷史)라고 부른다.

원역사(창1-11)의 중심 주제는 인간의 범죄와 타락에도 불구하고 매 사건마다 반복적으로 그들에게 베푸시는 하나님의 사랑이다. 하나님은 선악과를 가리켜 "그것을 먹는 날에는 너는 반드시 죽는다"(2:17) 라고 하셨다. 그러나 실제로 명령을 어겼을 때, 그 경고를 그대로 실행하지는 않으셨다. 스스로 하신 말씀을 뒤집고 그들이 동산에서 쫓겨날 때 오히려 가죽옷을 지어 입혀 보호하셨다.

동산에서 쫓겨난 인간은 곧바로 아우를 쳐 죽이는 살인극을 벌인다. 살인자는 죽여야 마땅하지만, 이번에도 하나님은 그를 위해 표를 해 주며 감싸신다. 그럼에도 불구하고 인간은 더욱 타락의 길로 빠져들어 간다.

인간의 타락은 점점 심각해져서 마침내 노아 때에 이르러서는 "하나님이 보시니 세상은 썩었고 무법천지가 되었구나(6:11)"라고 탄식하시는 상태가 되어버렸다. 이것은 처음에 인간을 만드시고 "하나님이 보시니 심히 좋았더라"(1:31)고 하셨던 말씀이 고스란히 뒤집히는 상황이다. 그래서 하나님은 그들을 모두 쓸어버리기로 작정하시지만, 결국 우리가 잘 알고 있는 노아의 방주를 통해 생명의 씨앗을 보존케 하신다. 그리고 나중에 다시는 이와 같은 벌을 내리지 않겠다는 약속의 표징으로 무지개를 보여주신다. 나아가 모든 생명과 새로운 계약을 맺으시며 그들에게 복을 내리신다. 매번 하나님은 스스로 자신의 명령을 파기하고 말씀의 권위를 삭감시키면서까지 인간에게 사랑과 구원의 역사를 펼쳐나가신다. 이처럼 하나님의 사랑은 나선형처럼 반복되며 확대되어 간다.

또다시 인간들은 교만이 하늘에까지 닿아 "자, 도시를 세우고, 그 안에 탑을 쌓고서, 탑 꼭대기가 하늘에 닿게 하여, 우리의 이름을 날리고, 온 땅 위에 흩어지지 않게 하자(11:4)"고 한다. 당시 바벨론 건축 기술은 흙과 역청을 쓰는 작은 벽돌로도 얼마든지 높이 쌓아 거대한 건축물과 도시를 세울 수 있었다. 그런데 바벨탑이 상징하는 것은 왕권의 끝임 없는 확장 욕구이다. 또한 세계를 모두 자신의 손아귀에 쥘 듯이 계속 전쟁을 일으키며 세상을 정복해 나가는 거대 제국을 향한 끝없는 인간의 욕심이다. 바벨탑 이야기는 이러한 그릇된 욕구를 표현한다. 그들은 하나님의 권위에 도전하는 행위로 거대한 도시를 세운다. 성서는 이것을 하나님에 대한 도전으로 파악한다. 그래서 하나님은 그들의 언어를 갈라 나눠지게 하시고, 마침내 그들을 온 땅에 흩어지게 하신다.

원역사 이야기는 이렇게 끝난다. 행복했던 하나님의 품에서 떠나 보려는 욕구는 결국 하나님과 등을 지고 에덴동산을 떠나게 했다. 그렇게 떠난 인간은 조그만 질투에도 형님이 아우를 때려죽이는 관계로 발전했다. 마침내는 인간을 지으신 근본 목적을 후회하실 정도로 썩어버려 온갖 부패와 사기, 살인으로 점철된 세상이 되었다. 굳이 세상을 멸망시킬 홍수가 아니라도 이미 서로가 서로에게 살아갈 만한 아무런 가치를 느끼지 못하게 되었다. 서로가 서로를 두려워하고 공포의 대상으로 여기게 되었다. 모든 관계는 파괴되고 도덕적으로 썩어버린 세상에서 사람들은 스스로 존재할 이유를 잃어버렸다. 그리하여 이미 머리끝까지 심판의 당위성이 차오른 상태가 되었다.

게다가 세상 권력을 손에 쥔 사람들의 욕심은 끝없이 확장되어 거대 국가, 거대 제국을 향해 애꿎은 생명들을 충동질하고 죽음의 자리로 몰아갔다. 거대한 도시는 그 크기만큼이나 인간적인 맛을 상실한 욕망의 무덤이 되었다. 결국은 하나님께서 그들의 언어를 갈라놓고 온 땅에 흩어지게 만드실 수밖에 없을 만큼 자기 욕망을 주체하지 못하는 인간 군상들의 모습이 원역사의 배경을 어둡게 물들이고 있다.

이 모든 것은 하나님을 배반하고 에덴을 떠난 결과이다. 그런데 바로 그 기록 이후에 성서는 놀랍게도 새로운 희망을 말하기 시작한다. 이제 하나님과 인간, 인간과 인간, 인간과 자연 사이에 서로 협력하고 상생하는 새로운 민족, 새로운 나라를 갈망하는 하나님의 초청이 새 세상을 향해 시동을 걸고 있다. 사람들이 온 땅에 흩어져 버린 죄악의 토대 위에서 하나님은 아브라함을 부르셔서 새 인류, 새로운 약속의 민족을 세워 가신다. 아브라함으로 시작하는 새로운 대 구원사의 장정이 시작된다.

원역사는 이처럼 부름 받은 새로운 백성의 역사를 쓰기 위한 배경사이다. 또한 계속되는 인간 반역과 관계 파괴, 그리고 이에 대조되는 하나님의 사랑 이야기다. 하나님께서 이토록 사랑을 베푸시는 이유는 무엇인가? 성서를 기록한 사람들에 의하면 그 이유는 바로 어떻게 하든 인간들 사이의 깨진 관계, 그리고 하나님과의 올바른 관계를 회복하시기 위해서다.

선악과 이야기(창2:15-17, 3:1-7)

선악과 이야기는 고대 근동 지방의 생명나무 이야기를 각색했다. 생명나무 이야기는 동산 한 가운데 존재하면서 불멸과 영원한 생명을 가져온다는 고대의 신화 속에 나오는 우주목에 대한 이야기이다. 성서는 생명나무 이야기를 타락하여 쫓겨나는 인간이 접근하지 못하도록 "그룹들을 세우시고, 빙빙 도는 불칼을 두셔서, 생명나무에 이르는 길을 지키게 하셨다."(3:23)고 하면서 낙원을 상실한 인간에게 죽음이 운명처럼 다가온다는 것을 강조한다.

하지만 성서의 선악과 이야기는 이와는 다른 관점에서 이야기를 전개한다. 하나님께서는 이 동산의 나무는 무엇이든지 자유롭게 따 먹을 수 있지만 선악과만큼은 먹어서는 안 된다고 하셨다. 이 금지 명령은 무엇을 의미할까? 인간에게는 모든 것을 내 마음대로 할 수 있는 자유가 주어졌지만, 선악과의 존재는 그런 인간에게도 자기 마음대로 해서는 안 될 것이 있다는 사실을 알려준다.

선악과 이야기는 다윗왕조 때 기록되었다. 왕정 체제인 이스라엘에서 왕이 비록 하나님에 버금가는 절대 권력을 가졌을지라도 "스스로 하나님처럼 되고자 해서는 안 된다. 그도 지켜야 할 법이 있고 삼가야 할 것이 있다. 인간이 하나님을 넘어서려고 해서는 안 된다." 선악과 이야기는 인간이 가진 자유 가운데서도 선택을 허용치 않는 지엄한 대상이 있다는 것을 가르쳐주는 것이다. 모든 것을 마음대로 할 수 있는 자유로운 세상에서 내 마음대로 할 수 없는 분, 나의 선택 대상이 되기를 허락하지 않는 분이 계시다는 것이다.

함석헌 선생은 스승인 유영모 선생과 대화를 나눌 때면, 언제나 무릎을 꿇고 조아리며 말씀을 들었다고 한다. 사실상 사회적 명성은 함 선생이 유영모 선생보다 높다. 그런데도 머리가 하얗게 센 노인이 되어서까지 그 스승 앞에서 무릎을 꿇고 머리를 조아렸다고 한다. 온전하게 무릎 꿇고 머리를 조아릴 수 있는 대상, 그런 스승을 가진 사람은 행복하다. 이것이 바로 경(敬)이다. 스승에게도 그런데 하물며 하나님께 대해서야 말해 무엇하랴?

이 세상 모든 것을 선택할 수 있지만, 하나님은 우리가 선택하기 이전에 우리 앞에 당연한 전제로 계신 분이시다. 이 세상 모든 것에 대해 우리의 자유권을 행사할 수 있고 무엇이든지 내 멋대로 가능하지만, 그분은 자유로운 나를 당신께 붙들어 매어두신다. 우리에게 모든 것을 위임하고 소유로 주셨지만, "이 나무 열매만큼은 먹지 말라"는 금지 명령은 그 가운데도 하나님께서 본래의 주인이심을 확인하는 유일한 장치가 되기도 한다.

하나님은 선택의 대상이 아니다. 그 분은 인간 삶의 찌꺼기를 담당하시는 분이 아니다. 그 분은 사람을 치장하는 역할을 하는 액세서리도 아니다. 그 분은 사람이 시작되기 이전에 계셨던 분이며 인간의 모든 삶의 전제이시다. 하나님은 존재 이전에 붙들어 매시는 안전핀이시다. 선악과를 따먹는 행위는 잠시 하나님으로부터 자유한 것처럼 보이지만, 결국 수류탄에서 안전핀을 뽑아 제 품에 보관하는 꼴이다.

모든 것이 내 소유요, 모든 것이 내 자유요, 모든 것이 내 의지요, 모든 것이 내 선택에 달렸다. 하지만 하나님까지 소유하고, 하나님의 명령도 거스르고, 하나님까지 내 의지로 좌지우지하려는 어리석음을 범해서는 안 된다. 이것이 우리에게 주어진 선악과이다. 한 번 따먹게 되면 다시는 그 이전 상태로 돌아가기 어렵다.

하나님은 우리 삶의 전제되시고, 우리 삶의 시초에 계시며, 우리 선택 이전에 절대자로 서 계신다. 거룩한 성역이 되시는 그 분을 우리가 붙잡을 것인지, 아니면 그 분이 주신 영역을 제멋대로 넘어갈 것인지, 선악과의 선택은 오늘 우리 앞에 놓여있다.

가인과 아벨 이야기(창4:1-16)

가인과 아벨이야기는 인류가 에덴에서 쫓겨난 후 맞이하는 첫 번째 사건에 관한 이야기다. 가인은 형, 아벨은 동생인데, 두 형제가 나란히 하나님께 제사를 지냈다. 그러나 하나님께서 아벨의 제사만 받으셨고, 여기에 문제가 생겼다. 인류 최초의 불화와 미움의 사건, 그리고 이것이 살인으로 연결되는 끔찍한 사건이 생긴 것이다.

우리들은 대개 "왜 하나님께서 가인의 제사는 받지 않으셨나?"하는 점에 관심을 가진다. 신약성서 히브리서의 저자도 이 물음에 주목했다. 그래서 "믿음으로 아벨은 가인보다 더 훌륭한 제물을 바쳤기(11:4)" 때문이라고 해석했다. 그러나 창세기 자체는 그런 설명이 없다. 두 사람의 제물은 단지 '땅에서 난 곡식'과 '맏배의 기름'의 차이일 뿐이다.

구약학자 앤더슨(B. W. Anderson)은 하나님께서 아벨이 드린 맏배의 기름기만 받으시고 가인이 드린 농산물 제사는 받지 않으셨다는 것은 야훼가 유목민족의 신이므로 농경문화를 거부하는 문화전통을 반영한다고 보았다. 그러나 가나안 땅에서의 유목은 엄밀히 말하면 반(半)농경 반(半)유목 상태를 말한다. 유목민이라 하여 미국 텍사스 주에서 거대한 소 떼를 모는 부농을 떠올려서는 안 된다.

팔레스타인은 4월부터 10월까지 6개월 동안이 건기이고, 10월부터 이듬해 4월까지 6개월은 우기이다. 건기에는 모든 것이 말라 버리므로 우물이 있는 성읍 주변으로 사람들이 모여든다. 이렇게 모여든 사람들은 성읍의 군주로부터 군사적 보호와 물을 얻는다. 하지만 그들은 군주에게 세금과 부역을 바쳐야 했다. 그러나 우기가 되면 초지가 넓게 확장되니 성읍 주변에서 군주의 땅을 소작하며 세금과 부역에 시달리던 주변부 사람들은 군주의 손을 벗어나 확장된 초지를 향해 양이나 염소를 몰고 나간다. 이들은 다시 건기가 될 때까지 자유로운 유목생활을 한다. 여기서 성읍 주변인들은 절반은 농경으로 절반은 유목으로 생활하게 된다. 반면 성읍 군주들은 안정된 상주농업(常住農業)의 형태를 갖게 된다.

따라서 가인 이야기 속에서 '땅에서 난 곡식'으로 제사를 드린 가인은 가나안 지방에서 성에 상주하는 군주세력을 대변하고, '맏배의 기름'으로 제사를 드린 아벨은 성읍 주변에 모여들었다가 흩어지기를 반복하는 사회경제적 약자인 주변인들을 대표한다. 서로 돌보는 관계가 깨지고 맞서는 곳에서 야훼는 약자들 편을 드시는 하나님이라는 메시지도 읽을 수 있다.

그러나 여전히 "왜 하나님이 가인의 제사는 안 받으셨나?"하는 질문은 계속된다. 이 배경에는 하나님을 불공정하다고 몰아세우는 분노가 도사리고 있다. 하지만 가인의 분노에 맞서 하나님도 분노하신다. "어찌하여 네가 화를 내느냐? 얼굴빛이 달라지는 까닭이 무엇이냐?"(4:6) 화를 내는 가인 앞에 하나님은 어이없어 하신다. 화를 내는 이유를 하나님은 이해할 수 없다.

사실 가인이 화낼 이유는 없다. 제사를 드리는 쪽에서는 정성껏 드렸으면 할 일을 다 한 것이다. 우리가 공식을 만들어 놓고 하나님을 그 안에 가둘 수는 없다. 하나님은 우리가 이러이러한 조건으로 제사를 드리면 당연히 자판기가 물건을 내 놓듯이 제사를 받으셔야만 하는 분이 아니시다. 제사를 드리는 사람이 왜 하나님이 이렇게 하셨느냐고 따질 수 없는 것이다. 하나님은 이렇게 말씀하신다. "네가 올바르지 못한 일을 하였으니, 죄가 너의 문에 도사리고 앉아서, 너를 지배하려고 한다. 너는 그 죄를 잘 다스려야 한다.(4:7)" "왜 네 가슴을 끓이고 있느냐?"가 야훼의 질문이다. 하나님은 사람들이 정한 결과를 당연히 내 놓아야 하는 자판기가 아니다. 왜 분노하고 얼굴을 붉히는가?

더군다나 아벨은 가인의 형제가 아닌가? 그것도 둘도 없는 동생이 아닌가? 아벨의 기쁨이 바로 가인의 기쁨이 되어야 정상이다. 하나님께서 이번에는 아벨의 제사를 받으시고 다음에는 가인의 제사를 받으실 수도 있다.

　　그러나 가인은 자기 분에 못 이겨 동생 아벨을 들로 유인해내고, 거기서 돌로 쳐 죽였다. 에덴동산은 인간이 서로 "이는 내 뼈 중의 뼈요, 내 살 중의 살이라!"고 고백할 수 있는 곳이었다. 그러나 그곳에서 쫓겨난 인류의 첫 사건은 자신의 동생을 돌로 쳐 죽이는 끔찍한 일이었다. 다시 본문을 보자. 하나님께서 가인에게 "너의 아우 아벨이 어디에 있느냐?"라고 물으시자 가인의 뻔뻔한 대꾸가 이어진다.

　　"모릅니다. 제가 아우를 지키는 사람입니까?"

　　오늘 하나님은 당신에게 물으신다.
　　"네 아우는 어디에 있느냐?"
　　세월호 참사로 생때같은 자식을 잃은 부모들, 정리해고로 하루 아침에 일자리를 잃은 수많은 노동자들, 경쟁에서 밀려나고 미래를 꿈꾸지 못하는 청년들, 외롭고 고통받는 이들 가운데 당신의 아우는 누구인가? 우리는 서로 '아우를 지키는 자'로 부름받았다.

선악과의 금지 명령 외에 전권을 위임받은 자유로운 인간은 결국 하나님 마저도 선택사항으로 전락시키고 주인 자리에서 밀어내 버렸다. 그렇다면, 오늘날 하나님은 나 자신의 어떤 것보다 우선하는 존재이신가? 우리 앞에 놓인 선악과는 무엇이며, 그 열매를 따 먹으라는 유혹에 대해 우리는 어떤 반응을 하고 있을까?

모리아로 가는 길

창세기 22:1~14(남신도 헌신예배 설교)

믿음이 무엇입니까? 사람들 사이의 믿음은 존경할 만한 분이 있을 때 존경하고 신뢰하는 것을 가리킵니다. 그러나 하나님과의 관계에서 믿음은 "~ 할 만한" 조건들을 뛰어 넘습니다. 이렇게 저렇게 계산하여서 해볼 만하니 믿는 것이 아닙니다. 모든 도덕적 판단을 뛰어넘는 자리에 믿음의 관계가 존재합니다.

일백 살에 얻은 아들 이삭은 아브라함의 모든 것이었습니다. 그의 말 하나, 몸짓 하나가 아브라함에게는 경이로운 세계였습니다. 이제 아브라함은 모든 것을 이삭과 더불어 행하고 이삭을 통해 생각하였습니다. 그런데 이삭에게 흠뻑 빠져있는 아브라함에게 어느 날 하나님께서 나타나셔서 청천벽력과 같은 명령을 주십니다.

"아브라함아! 너의 아들, 네가 사랑하는 외아들 이삭을 데리고 모리아 땅으로 가거라. 내가 너에게 일러주는 산에서 그를 번제물로 바쳐라."(창22:2)

그날 밤부터 아브라함은 아마 한 숨도 잠을 이룰 수 없었을 것입니다. 더욱 놀라운 것은 아브라함이 그날 하나님의 명령을 듣고 바로 그 자리에서 아들을 바치게 하신 것이 아니라는 것입니다. 성서에는 아주 담담하게 그들이 "사흘 길을 걸어서 모리아로 갔다"고 말합니다. 나귀에 장작을 지우고 이삭과 더불어 사흘 길을 걷는 동안 아브라함은 무슨 생각을 했을까요?

그의 마음속에 있는 가장 큰 어려움은 아마도 하나님에 대한 신뢰가 무너지는 것일 겁니다. 하나님은 아브라함에게 하늘의 별과 같이, 바다의 모래알 같이 많은 후손을 주시겠다며, 일흔 다섯이나 되는 그로 하여금 고향과 친척을 떠나 광야로 나오게 하셨습니다. 그러고도 25년이나 지나서 백세가 되어서야 아들 하나를 주시더니, 이제 그가 한껏 귀여움을 받을 무렵에 그 아들을 제물로 잡아 바치라고 하십니다. 지금 아브라함은 "부도덕한" 명령을 내리시는 하나님을 보고 있는 것입니다. 아들을 제사로 바치는 풍속은 그가 바벨론에 있을 때 지겹게 보던 이방 족속들의 잘못된 풍속입니다. 그런 풍속에 신물이 나있던 아브라함을 하나님이 선택하셨고, 그를 광야로 이끄시어 참다운 하나님을 섬기는 새로운 민족의 조상으로 삼겠다고 하셨던 것입니다.

그런데 이제 와서 다른 사람의 손도 아닌 바로 아브라함의 손으로 자기의 사랑하는 아들을 바칠 것을 요구하시고 계십니다. 이제 아브라함에게는 정말 하나님을 믿을 모든 이유가 끝장나 버렸습니다. '아, 내가 이제까지 속아서 살아왔나? 이 따위 명령을 즐기는 하나님을 내가 신뢰하며 이 광야까지 나왔다니…' 만감이 교차하는 가운데 아브라함은 언제라도 돌이킬 수 있는 발걸음을 한 걸음 한 걸음 옮기며 모리아 산으로 향했습니다.

무엇이 그를 인도했는지 모르겠지만 그는 끝까지 사흘 길을 걸어 결국 모리아 산에 도착했습니다. 가장 신뢰하고 믿어왔던 하나님에게 느끼는 배신감이 그를 혼란스럽게 했습니다. 그가 모리아를 향해 가는 사흘 길은 전체 인생보다 긴 시간이었으며, 그의 뼈를 온통 녹아내리게 하는 긴 고문의 시간이었습니다.

아브라함은 시종을 뒤로 물린 채, 산을 오릅니다. 아들인 이삭은 그를 불사를 장작을 등에 진 채로 아버지와 함께 산에 오르고 있습니다. 이삭은 일찍이 이렇게 심각한 아버지 얼굴을 본 적이 없었습니다. 금방이라도 으르렁거릴 것 같은 사자의 얼굴이랄까, 모리아 산의 붉은 노을을 금방이라도 삼켜 버릴 듯, 천둥 번개 치는 하늘처럼 변하기를 반복하는 아버지 얼굴을 통해 어린 이삭은 무언가 심각한 일이 벌어지고 있음을 직감했습니다. 이삭은 묻습니다. "아버지! 불과 장작은 여기 있습니다만 번제로 바칠 어린 양은 어디에 있습니까?" 아버지의 억장이 무너지는 물음이었습니다.

아브라함은 결정해야 합니다. 그 자리에서 하나님을 저주하고 그와 결별 선언을 한 채 산을 내려오든가, 아니면 "하나님!, 제발 한번만 살려 주십시오."라고 하나님께 떼를 쓰든가 해야할 것입니다. 그런데 아브라함은 담담하게 아들을 번제 제단에 묶어 놓고, 아들을 향해 칼을 빼어 높이 쳐듭니다.

키에르케고르(S. Kierkegaard)는 바로 이 부분을 보고 "누가 아브라함의 손을 높이 치켜들었는가?", "도대체 무엇이 그의 손을 들게 하였는가?"하고 묻습니다. 하나님을 섬겨야 할 모든 도덕적 이유가 다 끝장났음에도 불구하고 무슨 힘이 그를 끝까지 하나님을 신뢰하게 만들었을까요?

키르케고르는 아브라함의 예를 들며 인생의 단계를 셋으로 나눕니다. 첫 번째는 유미적 단계의 삶입니다. 이것은 나비가 꿀을 취하러 꽃을 찾아 날아드는 것과 같이 달콤한 것, 좋은 것을 따라 움직이는 삶의 단계를 말합니다. 대부분 사람들은 이 단계에 머물며 서로의 이익을 따라 만나고 헤어지기를 반복하며 살아갑니다.

두 번째는 그보다 성숙한 단계로, 도덕적인 단계의 삶을 말합니다. 이것은 윤리적으로 성숙한 사람들이 자신의 욕망이나 본능보다는 윤리적이고 도덕적인 명령을 따라 나서는 삶을 말합니다.

마지막으로 인간에게 가장 고귀한 삶의 단계는 믿음으로 사는 단계, 신앙의 단계라고 합니다. 아브라함이 아들, 이삭을 바친 사건이 바로 그러한 예입니다. 하나님을 믿어야할 모든 이유가 다 끝장났음에도 불구하고, 모든 조건이나 계산을 뛰어넘어 하나님과 인격적으로 만나는 삶입니다. 이 단계는 모든 인간의 판단을 뛰어넘어 믿음으로 오직 그분을 신뢰하는 인격적 관계를 말합니다. 이것은 이제까지 인간이 맺어 온 일상적인 관계를 뛰어넘는 가장 숭고하고 거룩한 믿음의 관계를 말하는 것으로, 하나님과 무조건적인 신뢰의 관계로 진입하는 것을 말합니다.

"아브람이 주를 믿으니, 주께서는 아브람의 그런 믿음을 의로 여기셨다"(창15:6)라는 말씀이 있습니다. 아브람은 아브라함의 예전 이름입니다. 아브라함이 도덕적으로 올바릅니까? 창세기 본문을 보면, 그렇지 않은 여러 모습을 볼 수 있습니다. 비겁하게도 그는 자신이 살기 위해 군주들에게 부인을 누이동생이라고 속여서 동침하게 내어 줍니다. 이런 부도덕이 어디 있습니까? 또한 그는 이삭을 보기 전에 몸종 하갈을 통해 이스마엘을 얻습니다. 그런데 이삭이 태어나자 이스마엘을 광야로 내쫓습니다.

아브라함이 잘못한 것도 많지만 그럼에도 불구하고 하나님은 아브라함을 용서하고 그를 의롭게 여기셨다고 합니다. 하나님께서 아브라함의 믿음을 보고 그를 의롭게 여기셨습니다. 우리가 부족한 것이 많지만 하나님께서는 믿음을 보십니다. 믿음을 기준으로 하나님은 사람을 전적으로 새롭게 판단하십니다. 의인의 표적은 "믿음"이고, 믿음은 하나님을 신뢰하는 새로운 관계 속에서 나타납니다.

▶ 미리 살펴보기의 예

성서의 사건	범죄에 대한 벌칙	구원의 상징
에덴동산	반드시 죽으리라	옷을 지어 입히시고 동산에서 추방하심
가인과 아벨	살인죄	해하지 못하도록 표를 해주심
노아홍수	쓸어버리겠다	무지개로 미래를 약속하심
바벨탑	온 땅에 흩어버림	아브라함을 부르심

하나님의 법

오경과 삼대법전

추수법, 종교적 절기법

오경에는 역사도 담겨 있지만, 더 핵심이 되는 것은 이스라엘 민족이 지키던 법의 전승이다. 이 법들은 이스라엘 사회의 제도적 특징을 증언해 준다. 예언자들이 사회를 비판하는 기준은 오경의 법이다. 그들은 왕이나 제사장, 사회 구성원들이 오경의 법들을 지키지 못한 것에 대해 신랄하게 나무란다. 그러므로 오경의 법은 구약성서에서 가장 중심적인 위치에 있으며 야훼 신앙의 특징을 가장 잘 드러낸다.

야훼 신앙은 왕정을 거치는 동안 많은 도전을 받아왔다. 우리가 성서에서 보는 이야기들은 왕조신학에 의해 깊게 채색된 자료들이다. 그러나 그 안에는 본래 야훼 신앙의 흔적이 그대로 노출되기도 한다. 특히 오경의 삼대법전은 야훼 신앙의 특징이 되는 정신과 내용을 그대로 담고 있다. 야훼신앙의 특징은 고대근동의 법들과 비교할 때 확연히 드러난다.

어떤 사회이든 법의 제정자들은 대부분 힘 있는 권력가들이다. 그러나 그 법이 그 나라의 체제를 떠받치는 골격이 되기 위해서는 무작정 권력자들에게만 유리해서는 안 된다. 한편으로는 백성들이 납득하고 따라올 수 있어야 한다. 그렇기 때문에 법은 또한 민중을 배려하는 성격을 가졌다. 더욱이 이스라엘은 왕이나 권력자가 독점하여 법을 제정하지 못하게 했고, 법의 제정자는 야훼 자신이라는 것을 누누히 강조한다. 이것이 바로 왕정을 견제하며, 그들에 의해 도구화되기 쉬운 민중의 생명을 지켜가려는 의도이다.

왕은 입법자가 될 수 없고 법률을 옮겨 적어 항상 지니고 다니면서 엄격히 지켜야 한다.(신명기 17장) 법은 모세로부터 비롯되었지만, 모세 자신도 창시자가 아니고 하나님께로부터 법을 받았다. 이스라엘 백성들은 하나님과 만나서 계약을 체결하는 방식으로 오경의 법들을 확정하였다. 이것은 법의 권위가 왕들의 권위를 훨씬 넘어서 있다는 것을 보여준다. 법은 왕보다 우위에 있는 모세에게서 나오며, 직접적으로는 하나님 자신으로부터 나온다. 이러한 고백의 의미는 초기 평등공동체의 정신을 담고 있는 법을 나중에 등장하는 왕정 권력이 임의대로 바꾸거나 훼손할 수 없음을 보여준다. 고대 근동의 다른 민족에서처럼 왕이 법을 좌지우지할 수는 없다는 것이다. 이스라엘의 법은 민중의 주체성을 강조하며, 사회적 평등에 대해 매우 예민하다. 따라서 히브리의 하나님은 고아, 과부, 약자들의 하나님으로 나타난다.

너희는 너희에게 몸 붙여 사는 나그네를 학대하거나 억압해서는 안 된다. 너희도 이집트 땅에서 몸 붙여 살던 나그네였다. 너희는 고아나 과부를 괴롭히면 안 된다. 너희가 그들을 괴롭혀서, 그들이 나에게 부르짖으면, 나는 반드시 그들의 부르짖음을 들어주겠다. 나는 분노를 터뜨려서, 너희를 칼로 죽이겠다. 그렇게 되면 너희 아내는 과부가 될 것이며, 너희 자식들은 고아가 될 것이다.(출22:21-24)

또한 이런 전통은 지혜문학에까지도 이어진다. "그 거룩한 곳에 계신 하나님은 고아들의 아버지, 과부들을 돕는 재판관이시다.(시편

68:5)"라고 하며, "가난한 사람을 억압하는 것은 그를 지으신 분을 모욕하는 것이지만, 궁핍한 사람에게 은혜를 베푸는 것은 그를 지으신 분을 공경하는 것이다."(잠14:31)라고 한다. 이렇게 이스라엘 내에서 사회적 약자들을 대하는 문제는 단순한 사회 윤리나 자선 차원이 아니라, 그들 삶의 구조 한가운데 있는 신학적이며 신앙적인 차원의 문제이다.

저마다 정치인들이 자기 당이 정의를 추구하고 우리가 정의를 이룬다고 한다. 그런데 성경이 말하는 정의는 무엇인가? 그것은 지배자나 권력자들이 외치는 정의가 아니라 고아 과부 이방인 등 가장 그 밑바닥에 가난한 사람들이 얼마나 편안하게 살 수 있느냐가 그 사회의 정의를 재는 척도이다.

우리가 야훼 하나님은 고아 과부의 하나님 약자들의 하나님이라고 말한다. 이것은 단지 하나님께서 그들의 편에 서서 그들을 구제해 주시는 분이라는 말이 아니다. 이것은 성경에 나오는 모든 신앙적인 용어들, 신학적인 개념들은 바로 고아와 과부, 약자, 가난한 자들의 입장에서만, 그들의 자리에서만 참뜻이 밝혀질 수 있다는 뜻이다. 신학적 개념들을 가진 자와 권력자의 입장에서 이해하면 오히려 성경의 뜻과 정반대되는 개념들이 나올 수 있다. 그래서 여전히 사람들은 성경말씀을 인용하면서 착취하고 빼앗고 사람을 죽이는 일에 가담하기도 한다. 그러기 때문에 우리가 신앙 안에 바로 서려면 어느 입장에서 보는가 하는 것이 굉장히 중요하다. 그 시선의 방향이 뒤집히게 되는 자리에서는 반(反)성경, 반(反)신학, 반(反)역사, 반(反)그리스도가 나오게 된다.

오경의 주요 법전

구약의 오경은 주로 법률 자료를 담고 있다. 이 법들은 고대 이스라엘 사회를 유지하는 핵심들이었다. 그리스도인들은 성서의 법이라고 하면 주로 십계명을 떠올린다. 십계명은 모태가 되는 법으로 후에 구체적 상황 속에서 다양한 법률로 발전하게 된다. 이 발달된 법률집이 오경을 이루는 가장 중요한 골격이 된다.

이스라엘의 법 중에서 가장 중요한 위치를 차지하는 삼대법전은 계약법전, 신명기법전, 성결법전이다. 후에 예언자들의 메시지는 이러한 하나님의 법이 지켜지지 않는 것에 대한 질타이다. 오경의 주요 법전의 분포와 형성된 시기는 다음과 같다.

1) 계약법전 : 출애굽기 20:22-23:33. 가나안 정착 이후부터 다윗 말기까지. E문서
2) 신명기법전 : 신명기 12-26장. 북왕국 멸망 후 히스기야, 요시야 종교개혁 때. D문서
3) 성결법전 : 레위기 17-26장. 예루살렘 멸망 이후 포로기. P문서
4) 제사법전 : 출애굽기 25-31장, 출애굽 34:29 – 레위 16장, 그리고 민수기의 여러 부분들. P문서
5) 십계명 : 출애굽기 20:2-17, 신명기 5:6-21.

고대 근동의 법전

이스라엘의 법은 우리가 흔히 영화 "십계"에서 보듯이 하나님이 직접 불로 돌 판에 지져서 내려주신 법이라고 생각하기 쉽다. 그렇다면

당연히 이스라엘에만 이런 법들이 있어야 할 것이다. 하지만 주변국 법들, 그것도 이스라엘 법보다 훨씬 오래 전에 형성된 법전들과 유사하다. 이는 이스라엘이 오랜 역사를 통해서 주변 문명과 교류함으로써 형성된 것이다.

그러나 이스라엘의 법이 그것을 그대로 가져오지는 않았다. 이스라엘은 자신들의 역사와 신앙을 담아 자기 것으로 만들었다. 그렇기 때문에 주변국의 법전과 비교하여 볼 때 이스라엘의 법이 가지는 특징들이 더욱 선명하게 나타난다. 그리고 그들과 구별되는 그 특징들이 바로 야훼 신앙의 고유한 내용이 된다. 고대 근동의 법전들은 다음과 같은 것들이 있다. 이런 법들은 대부분 이스라엘의 법보다 수백년에서 천년 이상 앞선 법들이다.

우르-남무 법전(The Laws of Ur-Nammu)

수메리안 법전(Sumerian Laws)

암미사두카의 칙령(The Edict of Ammisaduqa)

리피트 이스타르 법전(Lipit-Ishtar Lawcode)

에쉰눈나 법전(The laws of Eshnunna)

함무라비 법전(The Code of Hammurabi)

중 아시리안 법전(The Middle Assyrian Laws)

히타이트 법전(The Hittite Laws)

신 바벨론 법전(The Neo-Babylonian Laws)

다음에서 법전의 기반이 되는 십계명의 의미를 해석하고 삼대법전에서 주요한 법들을 살펴 보도록 하겠다.

십계명

십계명은 출애굽기 20:1-17과 신명기 5:1-21에 나온다. 십계명은 "~하지말라"는 금지명령, 즉 최소행동강령을 말한다. 지켜야 할 목표나 적극적인 행동지침이 아니고 그것 이상은 나가서 안된다는 금지선이라는 의미다.

십계명의 유사귀절은 성서 여러 곳에 축약한 형태로 언급된다. "훔치지 못한다. 사기하지 못한다. 서로 이웃을 속이지 못한다. 하나님 이름으로 거짓맹세를 하여 이름을 더럽히지 못한다."(레위기 19:3-4, 11-13)로 언급되며, "너희는 모두 도둑질을 하고, 사람을 죽이고, 음행을 하고, 거짓으로 맹세를 하고, 바알에게 분향을 하고, 너희가 알지 못하는 다른 신들을 섬긴다"(예레미야 7:9), "저주와 사기와 살인과 도둑질과 간음 뿐이다. 살육과 학살이 그칠 사이가 없다"(호세아 4:2)고 한다. 그 외에도 시편 15: 3-6, 24:4, 마태복음 19:18-19에 "네 이웃을 네 몸과 같이 사랑하라", 마가복음 10:19에 "속여서 빼앗지 말라" 누가 18:20, 로마서 13:9, 야고보서 2:11에 나온다.

십계명은 크게 하나님과 이웃에 관한 계명으로 구성된다. 십계명의 1-4계명은 "하나님을 사랑하라"는 주제이며 5-10계명은 "이웃을 사랑하라"는 주제이다. 예수님은 모든 계명을 사랑으로 요약하셨다. 하나님을 사랑한다면 다른 신을 섬기지 말고, 이름을 망령되게 하지말라는 말들은 모두 불필요할 것이다. 사랑하는 사람에게 "나를 죽이지마요, 내 것을 훔치지 마요"라고 한다면 아마 정신상태를 의심받을 것이다. 사랑한다면 모든 계명이 무용하다. 십계명은 가장 기본적인 선을 말하는 것이며 십계명에서 파생된 분분한 해석들은 사랑의 기본정신에서 해석되어야 한다.

제1계명 "나 외에 다른 신을 네게 두지 말라"

야훼종교가 갖는 배타적 성격은 가나안 제도와 분명한 선을 긋기 위한 투쟁에서 유래한다. 구약성서학자 고트발트는 "이스라엘이 가진 선민의식도 세상이 이제까지 경험하지 못했던 특별한 평등공동체의 경험에서 유래하였다"고 한다. 이 공동체를 깨면 안된다는 절실한 의식이 배타적 선민의식으로 나타났다는 것이다. 그런 의미에서 이 명령은 단순한 종교적 동기에서 나온 것이 아니고 사회 경제적인 명령으로 볼 수 있다. 이스라엘이 가나안에 들어온 후에 여러 종교가 혼합되는 과정에서 이스라엘 공동체의 성격을 잃지 않으려는 강력한 의지가 배타적 명령으로 나타난다. 그들이 노예에서 해방을 얻고 광야생활을 통해 경험한 평등정신을 지켜나가기 위한 명령이다. 그러므로 제1계명의 배타성은 종교적 동기보다는 어떤 사회를 이루느냐는 성격이 강하다.

제2계명 "너를 위하여 새긴 우상을 만들지 말고 또 위로 하늘에 있는 것이나 아래로 땅에 있는 것이나 땅 아래 물속에 있는 것의 어떤 형상도 만들지 말며, 그것들에 절하지 말며, 그것들을 섬기지 말아라"

우상이란, 하나님을 대신하는 것을 말한다. '우상을 만들지 말라'는 것은 형식만 야훼를 섬기고 내용은 바알을 따라가는 야훼종교의 형식화를 거부하는 것이다. 야훼공동체가 평등사회를 지켜 나가기 위한 원칙은 십계명의 제일, 제이 계명의 절대적 명령을 통하여 지지되었다. 신을 형상화하면 그 상을 소유하거나 영향력을 미치는 사람들이 절대권위를 얻게 된다. 그들은 우상을 세워놓고 신을 섬긴다고 하지만 사실은 그 신을 이용해서 인간을 계급화 하게 된다. 그러기에 이스라엘이 신을 보이는 형태로 만드는 것을 거부한다.

예수님은 "하나님과 맘몬을 겸하여 섬기지 못한다."고 하셨다. 이것은 우상이 꼭 종교적인 것만을 의미하지 않는다는 것이다. 돈을 제일의 가치로 여기는 현대인들은 현대적 '물신'을 섬기고 있는 것이다.

제3계명 "너는 네 하나님 여호와의 이름을 망령되게 부르지 말라"

고대 근동지역에서 계약을 맺을 때 자기 확신을 맹세하는 방법으로 신의 이름을 열거해야 했다. 계약을 맺을 때 짐승을 둘로 가르고 계약 당사자들이 그 사이를 오갔다. 이는 계약을 파기하면 그 짐승과 같이 된다는 의미였다. 그리고 그 서약의 증인으로 신들의 이름을 열거했다. 그래서 계약이라는 말 히브리어 브리쓰(brith)는 자른다는 뜻으로 짐승을 둘로 가르는 행위를 가리킨다. 인간이 자기 안에 있는 어떤 것을 확정하고 확신시키기 위해서는 자기자신이 아니라 하나님의 이름이 필요했다.

그러나 하나님은 자유하신 분이시다. 하나님을 인간이 자기 확신을 나타내는 도구로 사용해서는 안된다. 하나님은 어떤 틀에도 구속되지 않는다. 인간이 자기중심성을 추호도 의심할 수 없는 절대적인 것으로 주장하기 위해 하나님의 이름을 이용한다. 하지만 그것은 하나님을 망령되게 하는 것이다. 하나님의 이름이 인간의 진실을 확증하는 용도로 사용될 때, 하나님은 사라지고, 한갓 우상으로 전락된다. 야훼는 인간의 자기중심성을 무너뜨리는 이름이다. 인간의 어떤 것도 하나님의 이름으로 함부로 확인할 수 없다.

제4계명 "안식일을 지켜 거룩하게 하라"

안식일을 지키라는 명령은 이스라엘이 나라를 잃고 포로로 잡혀갔을 때 강조되었다. 더 이상 성전도 없고 따라서 희생제사도 드릴 수 없게 되자 성전이라는 공간을 중심으로 했던 신앙을 변경할 수밖에 없었다. 이스라엘인은 대신 안식일이라는 시간을 구별하여 자신들의 신앙을 표현했다. 중요한 건 하나님을 만나고자 하는 마음이었다. 그 마음 때문에 공간이 있었고, 공간이 사라지자 독립된 시간을 만들었다. 이스라엘은 '거룩하게 보내는 것'이 무엇인지를 잃게되자 다시 세부 조항들을 만들기 시작했고 안식일을 거룩하게 보내기 위해서 하지 않아야 할 것들이 늘어갔다. 그러나 하나님을 사랑하는 마음이 있다면 장소든지 시간이든지 큰 문제가 되지 않는다. 그리스도인이 하나님을 사랑하는 마음을 표현하는 방법을 정하여 마음을 다할 수 있다면 그 행위가 바로 하나님을 만나고 안식일을 지키는 가장 적합한 방법일 것이다.

제5계명 "네 부모를 공경하라"

인간사랑의 제일 첫째 되는 계명은 부모를 공경하라는 말씀이다. 부모가 계시다는 것은 그분의 존재만으로도 굉장한 위로가 되고 그것 자체로 든든한 밑받침이 되는 것이다.

제6계명 "살인하지 말라"

'살인'은 히브리어로 라차(rachah)인데 라차는 사람을 살해할 때 쓰이는 말이다. 의도적으로 죽이는 경우뿐 아니라 실수로 죽이는 경우도 해당한다. 실수로 사람을 죽이게 되었을 때는 도피성에 피신해서 죽임을 면할 수 있다.(출21:23) 인간의 생명은 하나님이 주셨으니 하나님께서 주신 것을 인간이 함부로 할 수 없다. 인간 뿐 아니라 다른 생명에도 적용가능하다.

살인을 금하는 법은 하나님께서 정하신 생명을 희생해서는 안된다는 뜻이다. 법으로 정해진 부득이한 경우를 제외하고 생명을 인간이 임의로 제거하고 희생시켜서는 안된다.

현대에서는 간접적인 살인도 있다. 불특정 대상인을 상대로 하는 불량, 유해음식, 공해 물질의 무단 방류, 대량학살을 가능케 하는 무기 제조와 원자력 등은 더욱 참혹한 결과를 가져오는 것들로 간접살인들도 이에 포함해야 한다. 이것은 포괄적인 생명에 대한 존중과 생명의 주인이 인간이 아니라 하나님이심을 말한다.

제7계명 "간음하지 말라"

여성의 인권을 존중하기 위한 계명이다. 고대사회가 모계사회에서 부계사회로 이전되면서 여성은 소유물 중에 하나처럼 여기고 가정 안에 들어 앉힌다. 반면 남성은 비교적 자유로운 성을 누린다. 만약 이런 규정이 없다면 남성은 자신의 성적 취향에 따라 이혼을 남발하고 쉽게 여성을 도구화할 수 있다. 그러므로 '간음하지 말라'는 금기 명령을 통해 취약하기 쉬운 여성의 인권을 지켜나가고 양성의 권리를 균형있게 유지할 수 있게 했다.

제8계명 "도적질 하지말라"

도둑질은 히브리어로 가나브(ganab) 동사인데 이것은 사람을 훔친다는 말이다. 고대 사회에서는 노예제도가 있고 인신에 대한 매매가 가능해서 어린이를 유괴해서 팔아먹는 경우가 허다했다. 성경은 이를 금지한다. 이는 어른들은 물론 어린이 인권을 존중하기 위함이다.

제9계명 "이웃을 해하려고 거짓증거하지 말라"

개인 간의 관계에서도 남을 해할 목적으로 거짓말을 하는 것은 성경이 엄격히 금하는 것이다.

제10계명 "네 이웃의 집을 탐내지 말라. 네 이웃의 아내나 그의 남종이나 그의 여종이나 그의 소나 그의 나귀나 무릇 네 이웃의 소유를 탐내지 말라"

가톨릭의 십계명은 개신교와 약간 다르다. 개신교의 열 번째 계명을 가톨릭은 둘로 나눈다. 9계명은 "남의 아내를 탐내지 말라." 10계명은 "남의 집이나 재물을 탐내지 말라"이다. 대신 첫째, 둘째 계명이 "한분이신 하나님을 흠숭하여라"로 하나이다. "도적질하지 말라"는 제8계명의 본 뜻은 어린이 인권에 대한 것이라 했다. 남의 물건을 훔치지 말라는 도적질의 금지는 여기 제10계명의 남의 재산을 탐내지 말라는 말씀에 속해있다.

이제 오경에 나오는 주요 법전의 내용을 주제별로 살펴 보자.

*다음의 표는 각 법전을 내용별(세로), 시대별(가로)로 구분한 표이다. 그 내용을 읽어보고 해당하는 법에 대해 비교하여 보자.

구 분	계약법전(E)	신명기법전(D)	성결법전(H)	제사법전(P)	기타관계 어구
추 수 법		신 23:24-25 신 24:19-22	레 19:9-10 23:22		사사 8:2 룻 2:2
종교적절기		신 16:11-17 26:11			에스더 9:20-22 (부림절)

추수법

　인간은 땅의 주인이 아니다. 그저 땅을 관리하고 사용할 뿐이다. 그러므로 그 땅의 소산 역시 독점할 수 없다. 하나님이 약속한 '젖과 꿀이 흐르는 땅'과 그 땅의 소산은 그 땅에 사는 백성 모두가 골고루 나누어야 한다.

> 땅은 사람 수에 따라서 그들의 유산으로 나누어 주어야 한다. 사람이 많으면 유산을 많이 주어야 하고, 사람이 적으면 유산을 적게 주어야 한다. 유산은 등록된 사람 수에 따라서 각기 나누어 주어야 한다.(민26:53-54)

　땅은 물이나 공기와 같이 인간이라면 누구나 필요한 삶의 기본조건이다. 따라서, 이스라엘 법은 땅의 분배기준을 사람 수로 삼았다. 그래야 모든 사람에게 골고루 땅의 혜택이 미칠 수 있기 때문이다.

　신명기법에서는 곡식을 추수하고 포도를 수확하는 계절이 지난 후에 그 땅에 남은 것은 바로 가난한 자들의 몫이라 한다. 주인은 수확물을 깡그리 거두어들일 권리가 없다. 밭의 주인은 고아, 과부, 이방인, 레위인의 생존권을 위해 '덜' 수확해야 했고, 그것은 가난한 이들의 권리이기도 하였다. 남겨둔 이삭, 포도송이, 올리브 열매는 부자들이 불우한 이웃을 돕는 차원이 아니였다.

> 당신들이 밭에서 곡식을 거둘 때에, 곡식 한 묶음을 잊어버리고 왔거든, 그것을 가지러 되돌아가지 마십시오. 그것은 외국 사람과 고아와 과부에게 돌아갈 몫입니다. 그래야만 주 당신들의 하나님이 당신들이 하는 모든 일에 복을 내려 주실 것입니다. 당신들은 올리브 나무 열매를 딴 뒤에 그 가지를

다시 살피지 마십시오. 그 남은 것은 외국 사람과 고아와 과부의 것입니다. 당신들은 포도를 딸 때에도 따고 난 뒤에 남은 것을 다시 따지 마십시오. 그 남은 것은 외국 사람과 고아와 과부의 것입니다. 당신들은 이집트 땅에서 종살이 하던 때를 기억하십시오. 내가 당신들에게 이런 명령을 하는 까닭도 바로 여기에 있습니다.(신24:19-22)

복지를 위한 증세를 말하기만 해도 여기저기서 반대 목소리가 높고, 집값이 떨어질까봐 장애인 공동체가 동네에 들어서는 것을 한목소리로 반대하는 요즘 같은 시대에는 상상도 할 수 없는 법이다. 이렇게 거두었다가는 당장 주인의 호통이 떨어질 것이다. 그러나 누군가를 위한 수확물을 남겨놓고 거둔다는 것에서 풋풋한 사람 냄새가 난다. 한 알갱이도 남김없이 내 것을 챙기는 '철저하고 효율적인 사회'보다도 듬성듬성 빠뜨린 추수 단에서 훨씬 더 높은 인간의 향기를 느낀다. 룻이 보아스의 밭에서 이삭을 주워 살아가는 이야기를 보면, 이러한 법은 이스라엘 내에서 어느 정도 통용된 것을 알 수 있다. 약자를 돌보아야 한다는 말씀 뒤에 "너희가 이집트 땅에서 종이었던 때를 기억하라"는 주문이 동반된 것은 단순한 자선행위로써 약자를 돌보는 것이 아니라 출애굽 역사를 현재화시키는 '현실적 해방'으로 강조되는 것이다. 신명기는 한 술 더 떠서 이렇게 이야기한다.

당신들이 이웃사람의 포도원에 들어가서 먹을 만큼 실컷 따먹는 것은 괜찮지만, 그릇에 담아가면 안 됩니다. 당신들이 이웃 사람의 곡식밭에 들어가 이삭을 손으로 잘라서 먹는 것은 괜찮지만, 이웃의 곡식에 낫을 대면 안 됩니다.(신23:24-25)

남의 빵 한 조각을 훔쳤다가 옥살이를 하게 된 장발장의 이야기에 익숙한 현대인들은 이러한 성서의 말씀이 도무지 다른 세계의 이야기처럼 느껴진다. 물론 자기가 농사하지 않은 것을 마구 그릇에 담아오거나 낫으로 베어온다면 그것은 명백히 도둑질이다. 그러나 배고픈 사람이 남의 밭에 들어가 실컷 먹어도 좋다는 것은 세상의 질서를 뒤집어 엎는 혁명적 발상이다. 배고픈 사람이 먹는 것은 남의 소유라 하더라도 죄가 되지 않는다는 것이다. 이 말씀은 세상의 먹을거리가 그것을 소유한 사람의 것이 아니라, 궁극적으로 배고픈 사람과 그것을 필요로 하는 사람의 것이라고 선언한다.

예수님 제자들이 밀밭 사이를 지나가다 이삭을 잘라먹는 이야기에서, 그 장면을 보고 있던 바리새인들이 시비를 건다. 요즈음 같으면 당연히 "왜 남의 밭곡식을 마음대로 따먹느냐?"라고 따져야 할 테지만 그들은 "왜 안식일에 일을 하느냐?"라고 따진다. 그들도 이 신명기 법을 잘 알고 있기 때문이다. 그러나 이 혁명적인 법이 역사에서 그렇게 잘 지켜지지는 않은 것 같다. 주인들이 그대로 놔 둘 수 있겠는가? 그렇게 했다가는 추수도 하기 전에 가난한 사람들이 모두 따 먹고 말 것이기 때문이다. 예수님 일행은 잊혀진 옛 법을 근거로 아무도 감히 실행하지 못하는 그 법의 정신을 살려 일을 저지르고 있는 것이다.

이 일을 지켜본 바리새파와 율법학자들은 이대로 놔두었다가는 그들을 지탱하는 사회질서가 무너져 내릴 것을 염려한다. 그렇다고 법률 전문가인 그들이 신명기법을 모른 척 할 수도 없다. 그들은 예수 일행에게서 절묘하게 흠집을 찾아낸다. 그들은 안식일을 기다려서 "왜 안식일에 일을 하느냐?"라고 따진다. 먹는 것을 일로 보고, '안식일'을 둘러댐으로써 자신들의 소유를 지켜가려는 것이다. 일하는 사람들이 쉬는 안식일을, 약자나 떠돌이들이 굶어야 하는 날로 바꾸어 버리고 있다. 그리하여 가난한 사람들이 안식일에도 먹어야 하는 점을 이용하여 그들을 범법자로 만들고 벌을 가함으로써 자신들의 소유를 지켜 가려고 한다.

남의 밭에 들어가서 먹어도 좋다는 법은 오직 성서만이 갖는 독특한 법이다. 고대근동 법에는 남의 밭에 들어가 곡식을 손상시켰을 때 벌금을 물리는 규정들이 있다. 함무라비 법전에는 타인의 과수를 무단 벌목하면 한 그루당 은 1/2마나를 변상하도록 했다.(함무라비 법전 59조) 히타이트 법에는 더욱 세밀하게 기록되었는데, 각 나무 종류에 따라 변상해야 할 금액이 명시되어 있고(101-113조), 베지 않은 농작물을 절취할 때는 면적에 따라 재파종하고 벌금을 물도록 했다.(103조)

고대 근동에서도 바알 같은 풍요의 신과 들판의 영령들을 위해서 곡식을 남겨놓는 풍속이 있었다. 이것은 밭에 곡식의 일부를 남겨놓아 일종의 종자 역할을 하게 하는 것이다. 그러나 이스라엘은 이러한 고대 풍속을 약자들을 위한 사회적 책임으로 전환시켰다.(신23:24-25, 24:19-22, 레19:9-10, 23:22, 참조: 삿8:2, 룻2:2)

고대 근동 법들은 주인 입장에서 소유물을 지키는 데 초점을 두지만, 구약 성서의 법은 자기 소유에 대한 집착보다는 약자보호를 강조하고 있다. 추수법이 포로 생활 직전의 자료들에 명시되어 있는 것과 '떠돌이'에게 초점을 맞추고 있는 것으로 볼 때, 이는 멸망한 북 왕국(주전 721년)에서 남 왕국으로 밀려온 많은 피난민들을 공적으로 배려해야 하는 당시의 사회상을 반영한 것으로 볼 수 있다.[2]

---

2) R. De Vaux, *Ancient Israel: Its Life and Institutions*, New York, McGraw-hill Book, 1961, p.75.

종교적 절기

이스라엘의 삼대 절기에는 다음과 같은 것들이 있다.

1. **유월절 또는 무교절**: 출애굽을 기념하는 해방절이다.
2. **추수감사절 또는 칠칠절**: 유월절 이후 일곱 이레를 지나기 때문에 칠칠절이라고 한다. 밭에 있는 곡식을 처음 거두고 일곱 주 후이 기도 하다. 신약시대는 오순절로, 성령강림이 이루어진다.
3. **장막절 또는 초막절**: 광야생활을 기념하는 절기로서, 이스라엘 백성들이 모두 광야로 나가 일주일간 천막을 치고 생활한다. 천막 생활에서는 부자나 가난한 자나 차이가 없다. 그러므로 장막절은 이집트에서 종살이하던 때와 배고팠던 광야시대를 기억하며 민족의 공동체성을 몸으로 함께 일깨우는 '이스라엘 민족의 수양회'라고 할 수 있다.

세 종교적 절기의 절정은 희생제였는데 이 희생제 이후에 나누는 식사는 "아들, 딸, 레위인과 함께 남종과 여종이 똑같이 먹고 즐기는 큰 기쁨의 식사"였다.(신12:12, 18; 16:11, 14; 26:11) 여기서는 광야시대의 만나와 메추라기 사건에서 '그날 먹을 것만 거두어들이라'는 명령, 즉 자신의 내일을 위해 먹을 것을 쌓아놓지 말고 나누라는 말씀과 같이 "첫날 저녁에 잡은 제물 고기를 다음날 아침까지 남겨서는 안 된다"(신16:4)고 말한다. 즉 제사한 것을 자신을 위해 남기게 되면 오늘 나눌 것이 없어지니 자신을 위해 남기지 말고 모두 함께 나누어 먹어야 한다고 강조한다.

이러한 식사가 '야훼 앞에서의 식사'이다. 이것은 야훼 앞에서 그의 얼굴을 대하는 식사이다. '여호와를 뵙는다', '여호와 앞에서'라는 표현은 문자적으로 보면 '얼굴(히브리어, pheney-phanim)을 본다'는 말이다. 이것은 원래는 예배자가 성소에 나아가 신의 모양을 한 형상의 얼굴을 본다는 말이었다. 그러나 이스라엘 사람들은 신상을 거부하고 법궤를 하나님의 현존의 상징물로 여겼다.[3]

그러나 법궤 역시 하나의 물질로 나타나 우상처럼 될 수 있기에 이스라엘 사람들은 '여호와 앞에서의 식사'로 하나님의 얼굴을 대면한다. 본래 이스라엘은 하나님의 얼굴을 보면 죽는다고 한다. 그러나 유일하게 절기 식사는 야훼의 얼굴을 대하는 식사이다. 하나님의 현존이 떠들썩한 식사와 관련되었다.

이 식사는 주님을 뵙는 식사이기에 신분상 차이를 내세울 수 없다. 하나님을 모신 식탁에서 누가 자신의 신분을 과시하는가? 야훼 앞에서의 식사는 모두가 한 상에서 똑같이 먹고 마시며 계급, 신분을 내려놓고 인간 본연의 자리로 돌아오는 식사이다. 이방인을 비롯해서 모두가 하나로 어우러지는 식사이며, 그들의 인권이 동등하다는 시위이다. 신명기는 비록 가난해서 노예일지라도 하나님 앞에서는 동등한 인간임을 선언한다.

이러한 '야훼 앞에서의 식사'는 신약시대의 성만찬 의식으로 발전한다. 초대교회 성만찬은 요즈음 같이 의식화된 예식이 아니었다. 각자가 싸온 음식을 한 상에서 나누어 먹는 푸짐한 식사였다. 이러한 식사를 예배의식 중에서도 가장 소중한 예식으로 여긴 것이다. 그것은 어떤 교훈이 되는 말씀보다도 나누는 행위 자체를 중요하게 생각한 것이다. 이는 예배의 근본정신을 모두가 함께 나누는 식사, 즉 평등정신이 발현되

---

3) Anthony Phillips, *Deuteronomy* (Cambridge University Press, 1973), P.114.

는 축제에 강조점을 둔 것이라 볼 수 있다. 초대교회의 성만찬 예식은 로마의 엄격한 신분제 사회 속에서 조용한 반향을 불러 일으켰다. 성만찬은 종과 주인이 하나로 어울리며 형제, 자매로 변하는 식사였다. 그 혁명적인 식사가 가장 귀한 예배의식으로 간주된 것이다. 후에 바울 공동체에서는 신분이 높은 사람들이 공동체에 합류하자 자기들끼리만 식사를 나누는 일이 발생했다. 그러한 행동으로 이들은 바울에게 심한 꾸지람을 듣는다.

> 여러분이 분열되어 있으니, 여러분이 한자리에 모여서 먹어도, 그것은 주님의 만찬을 먹는 것이 아닙니다. 먹을 때에 사람마다 제가끔 자기 저녁을 먼저 먹음으로, 어떤 사람은 배가 고프고, 어떤 사람은 술에 취합니다. 여러분에게 먹고 마실 집이 없습니까? 그렇지 않으면 여러분이 하나님의 교회를 멸시하고, 가난한 사람들을 부끄럽게 하려는 것입니까? 내가 여러분에게 무슨 말을 해야 하겠습니까? 여러분을 칭찬해야 하겠습니까? 이점에서는 칭찬할 수 없습니다.(고전11:20-22)

고대 근동에서의 공적인 희생제사는 막대한 농산물과 동물이 필요했다. 그런데 이는 하층민들의 삶을 더 곤궁하게 만들었다. 결국 민중이 소비해야 할 생산물이 정기적으로 수탈당했던 것이다. 이에 비해 초기의 야훼 신앙은 공적인 희생제사는 극히 제한시키고 어떤 가장이든지 사제 없이도 제의를 관장할 수 있게 했다. 가장이 사제가 되어 제사를 드리고 그 가족과 주변에 소외된 사람들이 초청해서 그 제물을 취할 수 있게 한 것이다. 이것은 종교를 수단으로 삼아 민중으로부터 잉여물자를 수탈하는 오래된 근동 관습을 방지하려는 의도였다. 또한 종교적 절기에서 신분 구분 없이 남종, 여종, 레위인, 떠돌이 모두가 함께 즐기는 축제로서의 성격을 강조한 것이다.

그러나 지방 산당과 가정에서 임의로 드리는 제사나, 레위인이나 사제가 아닌 일반인들이 드리는 제사는 곧바로 그 지방의 토속 신들과 결합하였다. 그리고 가나안 종교의 의식과 신들을 모두 섞어 버림으로써, 종교적 순수성을 잃어버려 혼합주의가 되는 부작용을 가져왔다.

유대의 13대 왕 히스기야(B.C. 728~687), 16대왕 요사야(B.C. 640~609)의 종교개혁은 이런 상황을 배경으로 한다. 이 개혁은 지방 산당을 폐하고 모든 제의를 중앙 성소인 예루살렘 제의로 단일화했다. 그리고 일반인이 드리는 제사를 레위인 제사장에 의한 제의로 개혁하게 되었다. 이것은 지방 산당을 중심으로 진행되던 제의와 종교 체계를 바꾸는 일대 변화였다. 이러한 변화는 야훼 제사의 순수성을 회복하기 위한 불가피한 개혁이었다. 그러나 그럼에도 불구하고 이스라엘이 초기에 드렸던 나누어 먹는 식사로서의 가정 제의가 가지던 취지는 희석되고 말았다. 즉 제의가 국가적 행사로 치러지게 되므로 제의마저도 민중의 손에 의해 치러지던 애초의 의도는 희생되었다.

그러나 히스기야와 요시아 종교개혁의 산물인 신명기는 평등하게 나누는 식사로서의 제의 전통을 살리고자 노력한다. 국가의 중앙 제의에서도 지방에서 올라와 성안에 거하는 가난한 레위인, 떠돌이, 고아, 과부들을 배려한다. 신명기는 "그들을 초청하여 함께 즐기는 식사가 되게 하라"는 주문을 종교적 절기 지침의 핵심 사항으로 요구하고 있다.

신명기가 '야훼 앞에서의 식사', '야훼를 모시는 식사'를 강조하는 것은 초기 이스라엘의 가정제의 전통과 관련되어 있다. 신명기에서는 이것을 약자들 모두를 초청해서 하는 식사로 발전시킨다. "빈손으로 주님을 뵈러 가서는 안 됩니다. 저마다 주 당신들의 하나님으로부터 받은 복에 따라서 그 힘대로 예물을 가지고 나아가야 합니다."(신16:16-17) 라는 말씀은 '모두가 나누어 먹는 식사'와 연관된다. 빈손의 강조점은 '제물'과 연결되기보다 '함께 나누는 식사'와 연결된다. 즉, 빈손으로 와서 '나눌 것이 없도록 하지 말라'는 의미에 무게를 실어야 한다. 한판 걸진 사랑의 식탁을 위하여 '빈손으로 오지 말라'는 말로 이해할 수 있다.

예언자들은 사랑과 정의가 무너진 채 제의에만 치중하는 백성들을 질타한다. "무엇하러 나에게 이 많은 제물을 바치느냐?… 누가 너희에게 그것을 요구하였느냐? 다시는 헛된 제물을 가져오지 말아라"(사 1:11-13)라고 외치며 빈손일수록 하나님 앞에 나아오는 것이 더욱 중요하다는 것을 강조한다.

너희 모든 목마른 사람들아, 어서 물로 나오너라. 돈이 없는 사람도 오너라. 너희는 와서 사서 먹되, 돈도 내지 말고 값도 지불하지 말고 포도주와 젖을 사거라(이사야 55:1)

참다운 예배 정신이 무엇인가에 대해 이야기해 봅시다.

어느 교회에서 있었던 일이다. 그 교회를 건축하는 중에 마을에 심한 가뭄이 생겼다. 여름에도 비 한 방울 없이 햇볕이 내리쬐자 땅이 갈라지고 농작물이 말라붙어 마을 농민들은 통곡하였다. 그러나 교회의 회중기도는 "하나님, 우리 교회 건축을 위해 날씨를 이렇게 화창하게 해주시니 감사합니다."였고 회중들은 열광했다. 또 이런 경우도 종종 있다. 국가적으로 큰 사고가 있던 주일에 우리는, 큰 사고 중에 우리 교우들을 무사하게 지켜주심에 감사하는 취지로 기도를 드리기 쉽다. 이런 것은 정당할까? 예배의 참 목적은 무엇인가?

신령과 진정으로 드리는 예배

이사야 1:11~17

참다운 예배는 '하나님께 가장 기쁜 마음으로 찬양을 드리며, 아무 거리낌 없이 영광을 돌리는 예배'일 것이라고 생각합니다. 우리가 아무 거리낌 없이 찬양과 영광을 돌리는 것, 저는 이것이 "하나님의 나라"가 아닌가 생각합니다.

해마다 감사절에 감사기도를 드리면서 제 마음은 편치 못할 때가 많습니다. 우리 주변이 마음껏 감사드릴 수 없게 하기 때문입니다. 우리들 주변의 형제, 자매들의 한 맺힌 호소들이 이 땅에 그득한데 어찌 자기 자신이나 그 속한 집단만이 그런 일을 당하지 않았다고 해서 감사하며 영광을 돌릴 수 있겠습니까? 그것은 최고의 영광을 돌릴 수 없는 상태가 됩니다. 아무 그늘 없이 드릴 수 있는 찬양이 예배의 본질 아니겠습니까?

사실 하나님께서 꼭 우리의 찬양이 필요하시고 우리의 제사나 예배가 필요하시겠습니까? 우리가 찬양을 드리지 않더라도, 우리가 예배하지 않더라도 하나님께서 타격받으실 일은 없습니다. 사실은 우리 스스로를 위해서 하나님께 예배하는 시간이 필요한 것입니다. 억울하고 한 맺힌 사람들의 호소가 사라지고 참 평등, 참 정의가 있는 곳이라야 우리가 아무런 거리낌 없이 하나님 앞에 나아갈 수 있는 참 예배가 가능하니까요. 한 사람의 눈에서 나오는 눈물의 무게를 이 세계 전부의 무게보다도 무겁게 느낄 수 있을 때 우리는 참다운 기도를 드릴 수 있을 것입니다. 우리 모두의 눈에서 눈물이 사라지고, 모두의 고통이 사라질 수 있을 때에야 우리는 참 예배를 드릴 수 있습니다. 나 혼자만이 드리는 감사가 아니라 모든 이웃과 사랑으로 하나가 되어 감사와 찬양을 드릴 때, 참다운 예배가 가능할 것입니다.

우리의 하나됨을 방해하는 모든 장벽, 나는 남자이고 당신은 여자라고 구분짓는 성차별의 장벽, 계층 간의 장벽, 학력의 차이에서 오는 장벽, 신분간의 장벽, 세대 차이에서 오는 장벽, 지방색의 장벽, 모든 일체의 방해물을 거두어 버리고 모든 형제와 자매가 깊이 사랑하고 존경하는 마음을 가질 때라야 우리가 참다운 예배를 드릴 수 있을 것입니다. 그런 세상을 만들어 가려는 노력을 포기하고, 세상과 담 쌓고 드리는 예배는 자기만족을 하나님으로 삼는 이기적인 예배이며, 영이 없는 예배이고, 진정성이 결여된 죽은 예배입니다.

07

산비둘기 두 마리의 예물

십일조, 가난한 자가 드리는 제물

미리 살펴보기

다음 법들을 성서에서 찾아보고 비교해 보시오.

구 분	계약법전(E)	신명기법전(D)	성결법전(H)	제사법전(P)	기타관계어구
십 일 조		신 14:22-29 26:12-15		레위 27:30-33 민수기 18:25-32	에스겔 45:11-14 느헤미야 10:37-38
가난한 자가 드리는 제물				레위 12:8 14:21-22 27:8	누가 2:24

십일조

십일조는 첫 열매를 제물로 드리는 것과 같이 땅의 모든 소산이 궁극적으로 하나님께 속한다는 믿음의 표현이다. 첫 열매 제의(신명기 26:1-15)와 십일조는 동일한 기원에서 유래한다. '십일조'라는 용어는 첫 열매의 양을 구체화시키고 더 정확하게 규명하기 위해서 도입된 것으로, 그것의 용도를 레위인 또는 사회적 약자들을 위해서 쓰도록 규정하고 있다.

구약의 약자들이란 생산의 기본단위가 되는 토지를 소유하지 못한 사람들이다. 당시는 농경사회이기에 토지는 삶에서 결정적인 요소였다. 레위인들은 토지를 갖지 못했다. 그들은 이스라엘 형성기에 야훼신앙을 토대로 나라를 세우는 일등공신이었다. 하지만 이스라엘 각 지파를 하나로 묶어내는 역할을 수행하기 위해서 각 지파 속에 흩어져야 했다. 흩어진 레위인들은 각 지파에게 야훼 신앙과 제사, 예배, 교육 등을 담당하며, 이스라엘을 '하나의 야훼 공동체로 묶어내는 역할'을 수행했다. 따라서 그들은 일정한 곳에 토지를 분배받고 자리 잡을 수 없었다.

십일조는 이들을 위한 몫으로 드려졌다. 그러나 이스라엘이 왕정으로 넘어가면서, 신앙공동체를 유지하는 것뿐만 아니라 왕에게 드리는 십일조(사무엘상 8:15이하)가 추가로 발생하게 되었다. 이는 이중 삼중의 세금이 되면서 민중에게는 가혹한 짐이 되었다. 뿐만 아니라 대규모의 예루살렘 성전이 건립되면서 성전 유지를 위해서 성전세를 화폐로 바치도록 하는 의무가 추가되었다. 본래 십일조는 당시 농경사회에서 곡물과 가축 소산, 즉 땅의 소산을 함께 나누는 역할을 하였다. 그러기에 각 지역에서 사회적 약자들을 초청하여 나누어먹는 축제적 식사였다. 그러나 왕정의 세금 징수로 인해 백성의 부담이 늘어나자 십일조가 온전하게 드려지지 않게 되었다. 이로 인해, 부를 누리는 일부 제사장들을 제외한 대부분의 하급 레위인들은 사회적 약자로 전락하였다.

십일조는 '매년 드리는 십일조'와 '삼년마다 드리는 십일조'로 나누어지며, 이 둘은 모두 레위인들과 약자들을 보호하기 위한 규정이었다.

매년 드리는 십일조(신14:22-27; 12:6-19)는 중앙 성소에 와서 바쳐야 했다. 그리하여 남종과 여종, 또 유산을 받은 몫이 따로 없는 레위인들이 초대되었다. 요시아 때 제의가 중앙 성소에 집중되자 지방에 있던 레위인들은 삶의 근거를 잃고 생계수단이 막연했다. 지방에 있던 레위인 제사장들은 모두 예루살렘으로 와야 했지만, 예루살렘의 제사장들은 그들에게 제사권을 주지 않았다.(열왕기하 23:9) 식사에 초대받은 "너희 성 안에 사는 레위인"(신12:12, 18)은 지방에서 올라와 중앙 성소 근처에 머무는 레위인들이라고 볼 수 있다. 매년 드리는 십일조는 예루살렘 성에 살고 있는 동향 사람 레위인들을 구제하기 위한 조치였다.

삼년마다 드리는 십일조(신14:28-29; 26:12-15)는 지방 성읍에 저장했다가 그 지방 성 안에 살고 있는 레위인, 떠돌이, 고아, 과부들을 위해 쓰는 것이다. 여기에 언급되는 레위인은 요시아 종교개혁으로 자신의 생활기반을 잃어버렸으나 중앙 성소로 올라가지 않고 지방에 남아 있던 레위인들을 말한다.

십일조가 약자들을 위한 것인가 레위인을 위한 것인가를 구분하는 것은 의미가 없다. 히스기야-요시아 종교개혁 이후 지방 성소가 일소됨으로 레위인들은 생존 위기에 내몰리게 되었다. 보다 오래된 전통인 계약법전(출20:22-23:33)은 전형적인 약자로 고아, 과부, 떠돌이만 언급한다. 그러나 요시아 종교개혁 이후에 쓰인 신명기법전(신명기 12-26장)에서는 레위인이 약자 중 가장 먼저 언급되는 것으로 보아 사회변화가 급격하게 이루어졌음을 읽을 수 있다. 십일조는 공이 많으면서도 사회적으로 약자가 되어버린 레위인들을 위한 조치이다.(신12:12, 14:27,29)

성서를 볼 때, 십일조를 물적 토대의 근간으로 하는 교회는 교회예

산의 1/3 정도는 순수하게 가난한 자를 구제하거나 사회적 선교를 위한 예산으로 편성해야 한다. 이것은 교회 교세를 불리기 위한 자기증식적 선교와는 구분해야 한다. 그래야 성서적 예산 편성이 될 것이다.

이스라엘의 십일조 제도는 원래 모든 것이 하나님의 것이지만 그 중에 1/10을 신에게 돌려 드림으로써 나머지 9/10를 하나님으로부터 물려받아 인간이 복되게 쓸 수 있게 하는 제도이다. 1/10을 드리는 것으로 나머지 9/10가 정화되고 복을 얻는 것이다.

십일조나 각종 제물을 드릴 때 가장 중요한 것은 마음이다. 기쁜 마음으로 드려야 하고 자기 정성을 다해야 한다. 말라기서에 의하면 당시 사람들이 번제물은 결국 불에 살라버릴 제물이므로 아까운 마음이 생겼다. 그들은 눈멀거나 절거나 흠이 있는 짐승으로 하나님께 바쳤다. 예언자는 이러한 행위를 호되게 비난한다. 결국 불에 사를 것이니 온전한 것을 바치기에 아까운 생각이 드는 것은 누구나 마찬가지이다. 그러나 하나님께 드리는 것을 실용적 가치로만 판단하여 소홀한 마음으로 해서는 안 된다.

예수님은 가난한 과부가 렙돈 두 닢을 마음과 정성으로 드리는 것을 보시고, 아주 작은 양의 동전일지라도 "이 가난한 과부가 누구보다도 더 많이 넣었다"(눅21:3)고 말씀하셨다. 제도에 의한 강제가 아니라 기쁜 마음으로 드리는 것이 가장 중요한 헌금 원칙이라는 것을 가르쳐 주신 것이다. 또한 우리가 예물을 하나님께 드린다고 하지만 어디 하나님께서 이러한 제물을 필요로 하시는가? 사실 쓰기는 모두 사람들이 쓰는 것이다. 이를 하나님께 드린다고 하는 것은 자기 자신을 위해 쓰는 것이 아니고 결국 다른 이들과 나눈다는 뜻이다.

신명기 26장 12절 이하는 신명기 법전(12-26장)의 결론부에 해당하는 중요한 부분이다. 여기서는 삼년마다 드리는 십일조로 모든 소출에서 열의 하나를 떼어서 그것을 외국 사람과 고아와 과부에게 나누어 주라고 한다. 그리고 하나님께 나아와서는 "우리는 주님께서 우리에게 명하신 대로 우리 집에서 성물을 내어 레위 사람과 외국 사람과 고아와 과부에게 다 나누어 주어서, 주님의 명령을 잊지 않고 어김없이 다 실행하였습니다."(13절)라고 고백한다. 성물이 따로 있는 것이 아니라, 약자들에게 나눈 것이 바로 '성물'이라는 것이다. 그러므로 헌금을 하나님께 드린다는 것은 '나눔의 원칙'을 말한다.

예수님은 가난한 사람에게 의무적으로 십일조를 요구하는 것을 가당치 않게 보셨으나, 가난한 과부에게 헌금을 할 필요가 없다고 하지는 않으셨다. 그리고 부자들에게는 십일조를 내는 것으로 그들 몫을 다한다고 생각지도 않으셨다. 그들에게는 단호하게 "가서 네 재산을 다 팔아서 가난한 자에게 나누어 주고 나를 따르라"(눅18:22)고 하셨고, 실제로 그들도 또한 재산의 반을 팔아서 나누어 주고 주를 따르기도 하였다.(눅19:8) 초대교회는 십일조와는 비교도 안 되는 급진적 방법을 쓰기도 했다. 모든 성도들이 자기 재산을 팔아서 모두가 함께 나누는 공동체를 이룬 것이다. 가난한 사람도 부한 사람도 없이 '필요에 따라' 나누는 공동체를 실현했다. 이런 전통은 그 과격한 공동소유의 전통이 사라진 후에도 '연보'라는 가난한 교우들을 돕기 위한 상호부조의 성격으로 유지되었다.

로마는 식민지 국가로부터 십일조를 거두었는데, 십일조가 광범위하게 교회 제도로 자리 잡은 것은 주후 800년경 샤를르 마뉴 대제 때 법령으로 공포되면서부터였다. 그러나 이때의 십일조는 나눔과 상관없이 단지 교회의 재산 증식의 수단으로 전락되고 말았다. 십일조를 바치지 못하는 사람은 파문되고 출교 당했으며, 제후와 지주들은 이를 악용했다. 이들은 거두어들인 십일조를 횡령하여 개인 재산으로 돌리고 게다가 십일조를 팔아먹기까지 하였다. 약자들을 돌보는 십일조가 누가 거두어 들이냐에 따라 오히려 약자들을 착취하는 법이 되고 만 것이다.

예수님은 헌금의 액수를 중시하지 않으셨다. 종교지도자들이 십일조를 못 내는 가난한 이들을 죄인 취급하는 것을 질타하셨다. 이처럼 가난한 사람들이 십일조니 성전세니 하는 걸림돌들 때문에 하나님께 나아오지 못하게 해서는 안 된다. 가난한 사람들이 아무런 부담 없이 교회에 나올 수 있는 분위기를 만들어야 한다.

농경사회이든 어떤 사회이든 약자들이 있고 서로가 서로를 돌보아야 할 상황이 존재하는 한, 더욱 다양한 나눔의 정신들이 구현되어야 한다. 십일조나 헌금은 유대교나 기독교를 오늘까지 지켜오는 중요한 물적 토대가 되었고 지금도 그렇다. 또한 자신의 소유를 덜어내어 이웃과 나누는 제도로도 중요했다. 사회 정의는 무엇인가? 그것은 인간에게 '필요한' 재화가 원활하게 순환하는 것을 말한다. 돈이나 물질이 돌고 돌면서, 그 과정에서 필요한 사람들에게 먹을거리를 제공하고 또 필요한 물질을 제공하면서 원활하게 재화가 순환할 때 그 사회는 정의롭다. 그런데 사람들이 욕심을 내어 제게 필요한 것 이상으로 쌓아놓아 그 순환을 막게 되면 빈익빈 부익부 현상이 생긴다. 이런 사회는 각종 모순으로 몸살을 앓고 정의롭지 못한 사회가 된다. 내게 필요한 것 이상은 남에게 돌리는 순환작용이 원활하게 이루어져야 그 사회는 건강하다. 십일조 헌금은 우리 사회가 보다 평등한 사회로 발전하기를 바라는 최소한의 제도이다. 이러한 상호부조의 정신은 계속되어야 하고, 또한 우리는 그런 헌금들이 올바르게 쓰이도록 해야 할 책임이 있다.

가난한 자가 드리는 제물

이스라엘 전통에서 제의는 인간을 깊은 죄의식에서 해방시키는 의식이었다. 제의를 통해서 인간은 자기 죄를 속죄하고 하나님과 올바른 관계를 맺을 수 있었다. 제의 때 바치는 제물은 신성한 영역에 속하는 것이므로 그 제물의 양과 제사의 방법 등이 자세하게 법률로 정해져 있다. 오경의 상당한 자료들은 사제들이 자신의 관심사항을 집대성한 자료이기에 지금의 우리가 대하기에는 물론 지루한 감이 없지 않다. 제사를 드리는 절차와 형식, 제단 모양, 성전 집기들의 형태, 제사 성격에 따라 달라지는 제물 종류와 양 등을 일일이 법으로 규정한 것이다. 그만큼 제사가 그들 종교생활의 중심이었기에 엄격하게 법제화되었다.

도덕적인 부정행위를 하거나 전통적인 금기를 범했을 때, 이스라엘인은 본질적 자아가 손상되는 것으로 생각했다. 그는 규정된 사물의 질서와 조화를 이루지 못했기 때문에 다시 재생할 때까지 '손상된 물건'의 범주에 속했다. 이러한 상태에 대한 히브리어 용어는 '하타hata''인데, 이를 우리는 보통 '죄'라는 말로 번역하고 있다. 이러한 '손상'을 재생시키고, 조화를 회복하기 위해 제의가 시행된다. 제의는 도덕적 과실뿐만 아니라 해산을 위해서나 혹은 나병의 '전염'을 제거하기 위해서도 행해진다. 제물의 피는 제단에 뿌리거나 제단과 접촉함으로써 성별된다. 이러한 과정의 목적은 분명히 거룩한 실체의 창조적 생명력을 범죄한 자에게 옮겨 줌으로써 손상된 자아를 갱생시켜 주는 것이다. 그러기에 희생제물은 온전한 것이어야 하며 흠이 없는 것이어야 한다. 온전한 제물은 그 물질의 온전성을 넘어서 제의를 통해 신성과 접촉하게 되고, 따라서 '거룩한 것', '초세상적인 것'의 범주에 속하게 된다, 이렇게 신성한 영역에 들어간 제물은 그 제사를 드리는 대상을 온전히 정화하고 새롭게 하는 힘이 된다.

제사 종교는 참 드라마틱한 종교이기는 하다. 구약의 제사 종교는 자기의 죄를 벗기 위해서 법에 정해진 양이나 소나 염소를 가지고 가서 희생 제사를 드린다. 먼저 죄를 지은 사람이 그 양이나 소의 머리에 손을 얹고 기도한다. 본래는 자기가 죽어야 하지만 그럴 수는 없으니 대신 자신이 정성들여 키운 양이나 소를 주인을 대신하여 희생시키는 것이다. 제사장이 자기와 정을 나누어 온 짐승의 멱을 따고, 주인은 그 짐승이 애절하게 피를 흘리고 죽어가는 모습을 보게 된다. 그리하여 그 짐승의 처절한 울음소리들을 들을 때, 주인은 매우 안타까운 마음을 가질 것이다. "다시는 죄를 짓지 말아야지" 하는 자신의 죄에 대한 반성도 실감나게 할 것이다. 식이 끝나면 제사장이 "네 죄가 사해졌다"라고 선언하여 죄가 속한 것을 확인해 주고 그 주인을 돌려보낸다. 매우 극적이고 체험적인 종교이다. 예수님을 가리켜 "보시오, 세상 죄를 지고 가는 하나님의 어린양입니다"(요1:29)라고 하는 것은 이러한 희생제사 제도가 배경이 된다.

그러나 이러한 제도의 결정적인 약점이 있다. 그것은 제물이 매개가 되어야 죄를 벗을 수 있다는 것이다. 당장 먹지도 못해서 굶는 판에 가난한 민중들이 제물을 마련하기는 쉽지 않다. 양이나 소가 있으면 인간이 먹고 생존하는 것이 우선이다. 생존을 포기한 채 죄 사함을 받기 위해 제물을 바치기는 어려울 것이다. 그러니 가난한 사람들은 거룩함과는 담 쌓고 지낼 뿐이다. 태어나서 성전에 생전 한 번도 못가 본 사람들, 바칠 제물을 가질 여유를 가져보지 못한 사람들이 수두룩했다. 처음에는 '이집트에서 종살이 하던 때를 기억하라'며 한 공동체임을 상기시키던 이스라엘은 이제 경제적 능력에 의해 종교 안의 세력과 그 안에 머물수 없는 밖의 세력을 나누기 시작했다. 법에 능한 지식인들과 조금 살만한 사람들은 이러한 민중을 '죄인'이라고 부르며 멸시한다. 민중은 자기들을 불경하다고 여기는 비난을 그대로 감수한다. 민중은 스스로를 포기하고 자기 자신을 죄인이라 여긴다. "나는 성전에 한 번도 못 가본 놈", "태어나서 한번도 죄를 벗어 보지 못한 놈", "하나님 하고는 담 쌓고 지내는 놈"이라고 자포자기해버린다.

그러나 성결법전(레위기 17–26장)은 이런 약자들을 구제하기 위한 특례법을 규정하고 있다. 엄격하게 법으로 정해진 신성한 영역의 제물까지도 모든 사람들이 신앙생활에 참여할 수 있도록 약자를 위해서 배려하고 있다.

성결법전에서는 악성 피부병환자의 속죄제물로써 양을 바치는 것을 정하고 있으나 가난한 사람은 비둘기 두 마리로 대체할 수 있으며 밀가루 1/10에바와 기름 한 록으로 대신할 수 있다.(레14:21–32) 또 해산한 여인의 제물도 본래는 양 한 마리로 제사를 드려야 했지만 가난한 사람은 비둘기 두 마리로 대치할 수 있었다.(레12:8) 예수 탄생 시 마리아가 "비둘기 한 쌍 혹은 어린 산비둘기 둘로 제사하려 예루살렘 성전으로 올라갔다"(눅2:24)는 것은 마리아의 제물이 가난한 여인의 제물이었음을 말해준다. 예수님 부모는 그 당시 이렇게 특례법으로 보호받는 오늘날 '사회보호 대상자'에 해당하는 분이었다.

또한 성소에 몸을 바치기로 한 사람들은 제의에 시중을 드는 역할을 하면서 살아야 한다. 그러나 야훼께 서원하고 후에 마음이 변한 사람은 그 몸을 물려내는 값을 성소에 바쳐야 한다. 그것은 그 사람의 노동력을 기반으로 매년마다 지불하도록 매겨지는데 사제는 그 사람의 경제 능력을 고려하여 "힘에 겹지 않게 값을 매겨야 했다."(레27:8)

고대 근동의 다른 법전들에도 이러한 차등 지불 규정들이 나타난다. 카르타고에서 발견한 페니키아의 희생목록들에는 제물을 드리는 자가 가난한 경우에는 제사장이 대신 자신의 몫을 포기하는 것을 분명히 언급하고 있다. 또한 히타이트의 '유즈가트 토판'에서는 태양신이 베푼 은총에 대한 보답으로 양 아홉 마리를 드리는 것이 정상이나, 가난한 사람은 오직 한 마리만 드려도 된다. 이렇게 각 개개인의 경제적 능력을 고려하여 차등한 원칙을 적용한 것이 고대 근동의 법전에 폭넓게 나타난다. 일반 생활에서도 이러한 원칙은 유지되었다. 함무라비 법전을 보면 귀족 간의 구타 시에 그 벌금은 평민들이 무는 벌금의 6배로 정하여 벌금형에서도 경제능력을 적절히 고려하였다.(203, 204조) 또한 의사가 수술기구를 사용하는 대 수술에 성공하여 고위층의 인명을 구했거나 안구수술로 눈을 구했으면 은 10세겔을 받을 것이나(215조), 그가 평민인 경우는 그 절반인 5세겔을(216조), 노예면 그의 주인에게 2세겔을 시술비로 받았다.(217조)

이스라엘 종교의 약점을 누구보다 본질적으로 간파한 이가 세례자 요한이다. 그는 민중을 불러 모았다. 먹지도 못하는 민중에게 무슨 제사를 요구하랴? 그는 누구든지 새사람으로 살겠다고 마음만 먹으면 잠시 요단강 물에 잠겼다가 나오게 함으로 모든 죄를 용서받고 새롭게 살 수 있다고 설파하며 세례를 베풀었다. 세례 요한은 유대교-희생종교의 뿌리를 뒤흔드는 혁파를 시도했다. 아무 것도 가지지 않은 민중을 위한 새 종교, 그들이 새로운 힘으로 살아갈 수 있는 유대교 혁명의 문을 두드린 것이었다. 제의를 위한 희생물이 없이는 예루살렘 성전과 로마 지배세력의 카르텔은 성립이 불가능하며, 이들이 장악하고 있는 정치경제 체계로서의 유대교는 존재할 수 없었다. 그러므로 세례 요한의 이 선포는 유대교의 존립 자체를 붕괴시키는 엄청난 파괴력을 지니고 있었다.

예수님도 그에게 세례를 받으시고 그의 혁명적 종교관에 함께 하셨다. 뿐만 아니라 한걸음 더 나가셨다. 중풍병자를 지붕을 뜯고 내려 보냈을 때, 예수님은 그에게 "네 죄가 사해졌다. 침상을 들고 가라"라고 하셨다. '팔레스타인에 물도 귀한데 굳이 요단강까지 불러내어 물에 잠기게 할 필요가 있겠는가'라고 생각하셨는가 보다. 예수님은 세례도 없이 말씀으로 용서를 선포하셨다. 이 두 분으로 인해 유대교는 전혀 새로운 국면으로 접어든 것이다.

뿐만 아니라 예수님은 성전을 숙청하셨다. 성전 지도자들은 가난한 자가 드리는 특례 예물인 비둘기를 부정하다고 여겼다. 날아다니는 것이 어디서 율법이 금지한 부정한 음식을 먹고 자랐는지 알지도 못하니 성전에서 흠없이 키운 비둘기를 사서 제사하라는 것이다. 그리고 성전에서 키운 비둘기를 가난한 자들에게 비싼 값으로 팔아먹으므로 본래의 법 취지를 무색하게 만들어 버렸다. 앓느니 죽지! 예수님이 얼마나 기가 막혔겠는가? 성전에서 가난한 자를 두 번 죽이고 그들을 등쳐먹는 행위를 보며 예수님은 장사하는 자들을 채찍으로 내어 쫓으시고, 내 아버지의 집을 "강도의 소굴"로 만들려느냐고 호통하셨다. 감히 서른 정도의 시골 총각이, 유대교 심장부를 뒤집은 사건이 바로 성전숙청 사건이다.

바리새인과 율법학자들은 "나는 저 죄인들과 같지 않습니다. 나는 박하와 운향과 회향과 근채의 십일조를 바칩니다."라고 예수님 때에도 성전에서 기도했다. 사실 그들은 종교적으로 모든 의무를 다해 열심을 행하는 사람이었다. 그러나 예수님은 이들을 독사의 자식이라고 하시며 자신은 죄인과 세리를 위하여 왔다고 하셨다. 죄인 취급받는 민중을 하나님 나라의 주인 자리에 초청하여 하나님 나라를 위한 동역자로 삼으신 것이다.
그 예수님이 한국교회에 오셨다면 뭐라고 하실까? 어떤 것에 제일 먼저 분노하실까?

헛간으로 비워두라

누가 12:13~21(종교개혁 주일 설교)

과부가 드린 동전처럼 우리가 하나님 앞에 바치는 예물은 순수한 마음과 정성으로 드리는 헌금, 기쁜 마음으로 드리는 헌금이 되어야 하며, 하나님 나라의 도래를 위해 값지게 쓰이는 헌금이 되어야 합니다. 가난한 사람들에게 교회에 나가자고 하면 "아직은…"이라는 표현을 쓰며 주저합니다. 이는 마음은 있지만 교회에서 제대로 헌금도 하고 신앙생활을 할 만한 경제적 준비를 갖추게 된 후에 다니겠다는 것입니다. 참으로 안타깝습니다. 그들에게 신앙이 필요한 것은 그 어느 때보다 마음으로도 어렵고 경제적으로도 어려울 때인데 말입니다. 가난한 사람이 아무 부담을 느끼지 않고 마음대로 드나드는 교회, 그래서 삶에 활력을 얻는 교회가 그립습니다.
외경에는 "흠 없는 것으로 밝혀지는, 그리고 황금을 추구하지 않는 부자는 복되도다. 우리가 칭송할 수 있는 사람은 바로 그가 아니겠는 가? 왜냐하면 그는 그의 백성 사이에서 놀라운 일들을 행했기 때문이 다"(시락 31:8)라고 합니다.

누가복음에 나오는 어리석은 부자는 혼자 힘으로 보다 큰 헛간을 지 으려고 했습니다.(눅12:13-21) 그는 그럴 필요가 없었습니다. 오히려 그는 남들의 빈 헛간들을 채울 필요가 있었습니다! 그랬다면 그는 하나 님에 의해 어리석은 자로 명명되는 것이 아니라 시락서에서 같이 "복되 도다!"라는 칭찬을 받을 수 있었을 것입니다. 부자는 그런 기회를 가진 사람이니 얼마나 복되고 훌륭한 일을 할 기회를 하나님으로부터 부여 받은 사람입니까? 그러나 대부분의 어리석은 사람들은 자기 이익에 대 해 병적으로 집착하고 언제나 더 큰 재산을 위해 헐떡이며 살아갑니다. 사실 그런 사람이야말로 가장 가난한 사람입니다.

서양의 교회 건축은 헛간의 양식으로 지어졌다고 합니다. 명동 성당 의 구조와 같이 내부가 크게 세부분으로 나뉘져 내부 기둥이 세워집니 다. 가운데 기둥 옆으로 있는 양쪽의 작은 공간은 건초를 쌓는 공간이 고 중앙에 있는 큰 빈 공간은 농부들이 작업을 하거나 곡식을 말리거나 때로는 공동 놀이를 하는 장소로 쓰였습니다. 어리석은 부자의 비유에 서 헛간을 또 지으려는 부자와 같이 지금의 한국교회는 멀쩡한 건물을 부수고 새로 짓고, 더 넓게 지으면 그 공간에 맞게 사람들이 찾아온다 고 생각합니다. 지금까지는 묘하게도 그 공식이 잘 맞아 떨어졌습니다.

여러분! 고려가 왜 망했는지 아십니까? 여러 가지 이유가 있겠지만, 그중 하나는 고려의 국교였던 불교 사찰의 재산이 자꾸 늘어나 사찰 재 산을 빼놓고 국가가 운영할 수 있는 재산이 극히 제한되었기 때문입니 다. 국가가 운신할 수 있는 폭이 아주 좁아지게 된 데에 그 원인이 있습니다. 그래서 조선이 새로 들어섰을 때는 국교를 유교로 바꾸면서 불교를 배척하고 사찰 재산을 몰수하기도 했습니다. 종교가 나누지 못하고 스스로의 곳간에 쌓아 비대해지면 그것은 사회의 불용 재산이 되는 것입니다. 하지만 나눌수록 빛나는 것이 종교 재산입니다. 또한 하나님께서 우리에게 주시는 모든 재산의 가치도 그렇습니다. 나누지 않고 쌓아 놓는 재산에는 멸망의 서리가 끼게 됩니다.

누가복음 12장 21절은 어리석은 부자를 가리켜 "자기를 위해서는 재물을 쌓아두면서도 하나님께 대하여 인색한 사람"이라고 합니다. 영어 성경은 이를 "하나님께 대하여 부요하지 않은 사람(not rich toward God)"이라고 합니다. 재산은 누군가를 위하여 적절한 사용을 필요로 합니다. 보물을 쌓아두기에 참으로 안전한 장소가 존재하는데, 그것은 보다 큰 헛간들이 아니라 바로 하늘입니다. 하지만 부자는 엉뚱한 곳에 엉뚱한 보물을 쌓아두는 어리석은 선택을 하였습니다.

예수님은 가난을 이상으로 삼지는 않았습니다. 도리어 아무도 모자라는 사람이 없게 하려고 애를 썼습니다. 예수님은 인간이 가진 물욕과 싸웠고 사람들로 하여금 재물에 연연하지 말고 자기 소유를 나누어 가지라고 촉구했습니다. 하나님 나라를 마음에 두고 그 가치를 찬성하는 사람들에게는 필연적으로 자신이 가진 것을 모두 버리는 일이 뒤따릅니다. 하나님과 맘몬 둘을 다 섬길 수는 없습니다. 예수는 자기를 따르는 사람들이 집도 가족도 땅도 배도 그물도 무엇이나 모조리 버리고 예수를 따를 것을 기대했습니다.

헛간은 창고이며 공장입니다. 다시 말해 농가의 장비들을 위한 사업장이며 창고입니다. 그것은 농부의 가장 중요한 농업 도구들 가운데 하나입니다. 헛간은 원래 곡물을 타작하고 젖소의 젖을 짜고 건초를 보관하는데 사용하였습니다. 하지만 그곳은 또한 춤추고 놀고 구애하는 장소이기도 했습니다. 그곳은 생명력 넘치는 장소였고 농가의 중심이며 지역사회에서 절대로 필요한 장소였습니다. 이 공간이 이렇게 생명력이 넘치는 공간이 될 수 있는 것은 그곳이 비어 있기 때문입니다.

헛간은 헛간으로 비워두어야 합니다. 발 디딜 틈이 없이 물건을 쟁여 놓은 헛간은 그 생명력을 잃은 공간입니다. 재물뿐 아니라 우리의 영적 문제도 마찬가지입니다. 우리 마음의 공간을 우리 욕심으로 채우지 말아야 합니다. 그곳을 비워두고 개방하면서 예수님 말씀과 같이 무엇을 먹고 어떻게 입을까 걱정하지 않은 채, 푸근함과 믿음으로 그 열린 공간을 채워나가야 합니다.

08

그날 품삯은 그날에 주어라

재판법, 품삯을 주는 법, 채권채무법, 저당법

미리 살펴보기

다음 법들을 성서에서 찾아보고 비교해 보시오.

	계약법전	신명기법전	성결법전	비 교
재판법	출 20:16 23:1-3 23:6-8	5:20 16:18-20/17:6-13 19:15-21	레 19:12 19:15	창 31:39 민 35:30-33 삼상 8:11-18
품삯을 주는 법		24:14-15	레 19:13	
가난한 자에게 이자면제	출 22:25	23:19-20	레 25:35-38	
저당법	출 22:26-27	24:6, 10-13, 17		

재판법

오경에 기록된 재판 규정들의 주요 관심사는 부유하고 세력 있는 자들에게 편파적인 재판으로부터 가난하고 약한 자들을 보호하려는 데 있다.

> 당신들은 주 당신들의 하나님이 각 지파에게 주시는 모든 성읍에 재판관과 지도자를 두어, 백성에게 공정한 재판을 하도록 하십시오. 당신들은 재판에서 공정성을 잃어서도 안 되고, 사람의 얼굴을 보아주어서도 안 되며, 재판관이 뇌물을 받아서도 안 됩니다. 뇌물은 지혜 있는 사람의 눈을 어둡게 하고, 죄 없는 사람을 죄인으로 만듭니다. 당신들은 오직 정의만을 따라야 합니다. 그래야만 당신들이 살고, 주 당신들의 하나님이 당신들에게 주시는 땅을 당신들이 차지할 것입니다.(신명기 16:18-20)

재판 규정들은 거짓증언 금지(출애굽 20:16, 신명기 5:20, 19:16-21, 레위 19:12), 약자일지라도 법 앞에는 동등하다는 원칙(출애굽 23:3), 허위고발 금지, 무죄한 자에 대한 단죄 금지, 뇌물수수 금지(출애굽 23:8, 신명기 27:25), 사직당국의 부패에 대한 경계(출애굽 23:7) 등을 다루고 있다. 또한 재판에 있어서 공정성은 생명이므로, 가난한 사람이라고 해서 억울하게 해서도 안 되지만, 반대로 가난한 사람이라고 해서 두둔해도 안 된다(레위 19:15).

재판은 성문이나 성소 또는 왕의 법정에서 거행하였는데, 그 과정은 공개적으로 진행되었다. 성문이 재판 장소로 쓰인 것은 특이하다. 성문은 성안으로 들어가는 사람, 성에서 나오는 사람 모두가 빈번하게 왕래하는 곳으로 가장 많은 사람들이 모여들어 증인을 구하기 쉽기 때문이다. 유죄판결을 내리기 위해서는 두 명 이상의 증인이 필요했다.(신19:15, 17:6; 민35:30) 피고가 무죄를 증명하려면 증거품을 제시하면 된다.(출22:13; 창31:39; 신22:13-17) 증인의 증언 역시 재판관들 앞에서 참된 것으로 인정받아야 했으며, 만약 거짓증언이란 것이 들통나면 상대에게 하려던 대로의 형벌을 증인이 받는다.(신명기 19:18-19)

남에게 죄를 뒤집어 씌우려는 나쁜 증인이 나타나면, 소송을 하는 양쪽은 주 앞에 나아와, 그 당시의 제사장들과 재판관 앞에 서서 재판을 받아야 한다. 재판관들은 자세히 조사한 뒤에, 그 증인이 그 이웃에게 거짓 증언을 한 것이 판명되거든, 그 증인이 그 이웃을 해치려고 마음 먹었던 대로 그 이웃에게 갚아 주어야 한다. 그래서 너희 가운데서 그런 악의 뿌리를 뽑아야 한다. 그러면 남은 사람들이 이 말을 듣고 두려워하여서, 이런 악한 일을 하는 사람이 너희 가운데서 다시는 생기지 않을 것이다. 너희는 이런 일에 동정을 베풀어서는 안 된다. 목숨은 목숨으로, 눈은 눈으로, 이는 이로, 손은 손으로, 발은 발로 갚아라.(신19:16-21)

고대 근동에는 왕에게 입법, 사법, 행정의 전권이 장악되어 있었다. 메소포타미아 법률서들은 언제나 왕 자신이 입법자이며 법률들은 왕의 권위에 의해 선포되었다. 그러나 이스라엘 법률은 야훼와 맺은 계약과 관련되었기 때문에 근동의 주변국가들 같이 법률이 왕을 통해서 결정될 수 없었다. 입법자는 항상 야훼이고, 왕도 법률을 복사하고 소지하여 엄격하게 그 법을 지켜야 했다.

"왕위에 오른 사람은 레위 사람 제사장 앞에 보관되어 있는 이 율법 책을 두루마리에 옮겨 적어, 평생 자기 옆에 두고 읽으면서, 자기를 택하신 주 하나님 경외하기를 배우며, 이 율법의 모든 말씀과 규례를 성심껏 어김없이 지켜야 합니다. 마음이 교만해져서 자기 겨레를 업신여기는 일도 없고, 그 계명을 떠나서 좌로나 우로나 치우치지도 않으면, 그와 그의 자손이 오래도록 이스라엘의 왕위에 앉게 될 것입니다.”(신17:18–20)

재판관들은 어디서나 왕의 법률이 아니라 “야훼의 율법”을 선포하고 설명해야 한다.(대하17:9) 여기에서 왕은 한 번도 율법의 제정자가 된 일이 없다. 왕은 다만 야훼께서 주신 율법을 곁에 두고 읽으면서, 잘 집행하면 되었다. 이렇게 입법과 행정의 분리가 이뤄진 것은 모세신앙에 입각한 개혁이었다. 그리고 이것은 당시 사회의 절대 군주제도에 비교하면 일대 혁명적인 분리였다. 고대 근동에서 왕은 항상 최종 재판관이며 이것은 통치권의 기본으로 여겨졌다.

이스라엘은 재판 과정에 참여하는 사람들이 돈을 내지 않는다. 재판에서 돈을 내는 것은 오히려 뇌물로 간주되었으며 이는 엄하게 금지되었다. 재판과정에 비용이 발생하면 자연히 부자들만이 그 재판을 악용하여 승소할 것이 뻔하기 때문이다. 따라서 재판관도 재판으로 돈을 받을 수 없었다. 재판관이 된다는 것은 하나님의 법에 최고로 능통하다는 표시이고 그로 인해 최고의 존경받는 위치임을 나타내는 것이다. 그는 율법을 교육하는 일로 보수를 받기는 했어도 재판 자체에서는 보수를 받을 수 없었다. 그것은 공평한 재판이 되기 위해서는 필수 불가결한 원칙이었다.

오늘날 우리들의 재판제도와 비교해 보면 생각할 점이 많다. 가난한 사람은 재판과 변호사 비용 등이 부담되어 자신이 승소할 수 있는 권리조차도 포기하는 것이 대부분이다. 부자들은 이를 악용하여 소송을 남발한다. 엄청난 비용이 드는 재판, 정의마저도 돈을 주고 사야하는 재판 속에서 정의는 과연 무엇이란 말인가? '변호사를 산다'느니, '전관예우'니, '로비'니 하는 말이 우리 사회에서는 공공연히 통용된다. 전관예우 기간에 평생 살 것을 마련하도록 해준다느니 하는 말들이 나돌기도 한다. 민중은 한 맺힌 소리로 '무전유죄, 유전무죄'라는 푸념을 삼키고 있다. 재판에 이기기 위해 돈 있는 사람만이 법률전문가를 살 수 있는 것도 한심한데, 이길 수 있도록 내정된 변호사를 산다고 하면 현대판 '정의'는 법정에서 거래되는 품목에 불과하다.

품삯을 주는 법

이스라엘 사람들 가운데 조상에게서 물려받은 땅을 상실하여 품삯 노동자로 전락하는 이들이 많아졌다. 오늘날 대부분의 노동자들은 품삯을 받는 노동자로 볼 수 있다. 십계명만큼이나 중요한 오경의 삼대법전의 법들은 아주 구체적으로 품삯을 주는 것을 법으로 규정한다. 이와 관련된 법들은 점점 현내사회로 오면서 더욱 중요한 위치를 차지한다. 그 당시는 농경 사회라 자기 땅이 없는 사람들만 품삯을 받고 일해 숫자가 많지 않았지만, 현대사회는 대다수 인구가 임금 노동자로서, 품삯에 해당하는 임금이나 봉급으로 생활하기 때문이다.

함무라비 법전(257–277조)은 여러 직종들에 대해 법정 적정임금이 고시되어 있다. 이것은 약자들이 받아야 할 최저임금을 법으로 고시한 것이다. 그러나 이 품삯들은 결정적으로 낮은 수준이다. 품꾼들은 그리 행복한 처지에 있지 못했으며 오히려 체벌을 받지 않을까 하는 두려움과 그날그날 생계에 대한 걱정 속에서 시달리는 삶을 살았다.(욥7:1–2) 고약한 주인들은 품삯을 한 번에 주지 않았다.(렘22:13, 시락 34:22)

품삯(노동자의 임금)을 지불할 때는 그 시기가 중요하다. 품삯을 주는 규정에서는 품삯을 당일에 해지기 전까지 지불하라는 구절을 통해 그 지불 시기를 강조하고 있다.

> 너는 이웃을 억누르거나 이웃의 것을 빼앗아서는 안 된다. 네가 품꾼을 쓰면, 그가 받을 품값을 다음날 아침까지, 밤새 네가 가지고 있어서는 안 된다.(레19:13)

> 같은 겨레 가운데서나 당신들 땅 성문 안에 사는 외국사람 가운데서, 가난하여 품팔이하는 사람을 억울하게 해서는 안 됩니다. 그 날 품삯은 그 날로 주되, 해가 지기 전에 주어야 합니다. 그는 가난한 사람이기 때문에 그 날 품삯을 그 날 받아야 살아갈 수 있습니다. 그가 그 날 품삯을 못 받아, 당신들을 원망하면서 주님께 호소하면, 당신들에게 죄가 돌아갈 것입니다.(신 24:14–15)

임금 지불을 늦추는 것은 주인에게 있어서는 단지 이자를 버는 일에 불과하다. 하지만 품꾼들은 별 다른 자산을 가지고 있지 않기에 임금을 받지 못하면 그날 그에 딸린 온 가족이 굶어야만 한다. 그런 극한 상황을 막기 위해 품꾼은 백방으로 노력할 것이다. 그는 필요한 것을 얻기 위해서 몇 배씩이나 비싼 이자를 물기도 하고, 여기저기 아쉬운 소리를 해야한다. 그 과정에서 자존심에 깊은 상처를 입기도 한다. 이는 부탁받는 사람 쪽에서도 힘든 일이거니와 어려운 말을 꺼내야 하는 사람 쪽에서는 정말 내키지 않는 일이다. 그렇게 하는 과정에서 서로 간의 인간관계도 파괴된다. 믿었거니 하던 사람에게 냉정히 거절당하는 아픔은 원만했던 관계를 무너뜨린다. 이렇게 돈 몇 푼 때문에 자신의 인격이 파괴되는 경험을 해야 하는 것은 실제로 일하는 것보다 몇 배 더 힘든 일이 된다. 다른 돈도 아니고 자신이 땀 흘려 일한 대가를 받지 못하게 될 때 그 억울함의 고통은 인간 자체가 파괴될 정도의 아픔으로 다가온다.

품삯은 품꾼과 그 가족의 생명을 이어가야 하는 가장 다급한 돈이기에 품삯 지불을 늦추어 이자를 벌려고 하는 생각은 정말 파렴치한 범죄이다. 그렇기 때문에 성서에서는 품삯 지불을 제때 하지 않을 경우 "당신들을 원망하면서 주님께 호소하면, 당신들에게 죄가 돌아갈 것"이라고 한다. 오늘날의 고용주들은 노동부나 법정으로 가지 않고 '주님께 호소하겠다'고 하면 오히려 안심할 지도 모른다. 그러나 성서에서는 주님께 호소해서 이를 하나님께서 들으시면, 그것은 세상이 주는 어떤 형벌보다 무서운 벌로 생각했다.

오늘날에도 기독교인들이 운영하는 기업에서 여전히 체불 임금의 문제점들이 많이 거론된다. 품삯을 주는 법, 임금에 관한 법은 기독교인들이 반드시 지켜야할 구체적인 하나님의 명령이고 법이다. 자신이 고용한 종업원이 많든 적든 간에, 일하는 사람들에게 제 때에 임금을 지급하는 것은 '하나님의 법'이다. 그리고 임금은 일하는 사람이 생활을 유지할 수 있는 충분한 임금이 되도록 해야 한다. 일하는 사람에게 정한 임금을 정한 때에 주는 것은 기업경영에 가장 우선권을 두어야 할 일이다. 자금 운영을 위해 임금 지불을 후순위에 두는 것은 곤란하다. 예언자들은 이런 법정신에 의거해서 품삯을 지불하지 않는 자를 혹독

하게 나무란다.(렘22:13, 시락 7:20, 참고 약5:4)

이러한 규정은 동족이나 외국인에게 구별 없이 적용할 것을 요구한다. 오늘 우리사회를 비롯한 선진 사회에는 제3국에서 온 노동자들이 많다. 그들은 선진사회 국민들이 기피하는, 소위 3D 업종이라고 하는 어렵고, 더럽고, 위험한 일들에 종사한다. 실제로 이러한 일들을 하는 사람이 없다면 우리 사회의 산업이 원활하게 돌아갈 수 없다. 그들의 노동이 절실하게 필요하면서도 한편으로 우리는 그들에게 '불법 체류자'라는 낙인을 찍어 묶어놓기도 한다. 여기에는 그들을 보다 싼 임금으로 고용하기 위한 목적이 배경에 깔려 있다. 악덕 고용주들은 이러한 그들의 약점을 이용하여 온갖 착취와 폭행을 일삼고 심지어는 임금마저 떼어먹기도 한다. 이는 자기 발로 이 나라까지 찾아온 사람들, 결국 장래에 우리와 가장 우호적 관계로 이끌어 가야 할 인적 자원들에게 깊은 원한을 심어주는 것이다. 사람의 마음을 사지 못하고 당장 눈앞의 푼돈이나 쥐려하는 개인이나 나라에게는 그 미래가 보이지 않는다.

이랜드 박성수장로가 십일조는 수억씩 하면서 천사의 얼굴을 가장하지만 자기 회사에서 시급을 받고 아르바이트하는 노동자들 초과 근로수당을 84억이나 횡령하다가 고용복지부에의해 덜미가 잡혔다. 이것이 크리스찬 기업이라고 내 놓고 광고하는 기업이 2016년 성탄절에 내놓은 성탄소식이다. 그들이 면죄부용으로 헌금을 다소 내놓는 것보다 자신들의 몸속에서, 생활 속에서 예수를 배제하고 하나님의 말씀을 무시해서 돈을 얻는 것이 훨씬 득이 된다고 생각한다. 아르바이트 하는 시급노동자가 84억을 모으려면 얼마나 긴 시간을 노동해야 하는가? 하나님께서는 민중의 고혈을 뜯어 바치는 헌금을 원하지 않으신다.

오늘날 국제적인 임금 수준은 국가 간의 경제사정에 맞게 차등하게 결정되고, 우리 또한 이를 당연하게 받아들인다. 제3국의 노동력을 착취하는 기반 위에 강대국들의 부는 점점 늘어간다. 하지만 이러한 불균형은 신명기 법에 크게 위배된다. 우리가 해외여행을 할 때, 화폐가치에 대해 느끼는 점이 있다. 한국 돈을 가지고 미국이나 일본에서 쓸 때와 인도나 네팔에서 쓸 때의 차이가 매우 크다. 미국 사람은 네팔 사람에 비해 수백 배의 가치가 있다는 것인가? 하나님이 동일한 창조물로 지으신 인간의 노동력이 국적에 따라 큰 편차를 갖는 일, 이러한 불합리성을 우리는 뭐라고 설명해야 하는가?

신명기는 같은 겨레나 그 땅의 성문 안에 사는 외국사람이나, 똑같은 기준으로 대할 것을 요구한다. 똑같이 가난해서 품팔이하는 사람을 억울하게 대해서는 안 된다고 한다. 생존이 달린 문제에 있어서는 야훼의 명령이 바로 야훼의 주권 아래 있는 모든 사람들에게 동일하게 적용되어야 한다.

채권채무관계법 – 고대 근동의 채권, 채무 관계법

자기 토지를 잃고 노동자로 전락한 사람들은 나날이 품삯으로 살아가지만 그것조차 여의치 않을 때는 결국 남에게 빚을 질 수밖에 없다. 한번 빚을 지게 되면 그 빚을 되갚기는 무척 어려워지며 점점 더 힘겨운 상황에 빠진다. 자기가 가진 것이 아무것도 없어 남에게 돈을 빌리는 사람은 잘돼야 원금 정도를 갚을까 말까이다. 대부분의 빚에는 고리 이자가 부과되어 채무자가 그것을 다 갚고 헤쳐 나오기는 매우 어렵다.

고대 근동 사회에서 통용되던 이자율은 연이율(근대)이나 월이율(그리스-로마)이 아니라 파종으로부터 추수에 이르는 시기를 기준으로 하고 있다. 이자에 관해 언급하고 있는 법전 중 가장 오래된 것은 에쉰눈나 법전(주전 1925년)인데, 이 법전은 현금에 대해서는 20%, 곡물에 대해서는 33.3%로 이자율의 한계를 정하고 있다. 이러한 이자율은 고대 바벨론시대 전반에 통용되었다.

곡물 이율은 33.3%인데 비해 현금 이율이 20%로 낮은 이유는, 돈을 빌릴 때는 곡물이 부족해서 가격이 높을 때였지만 갚을 때는 추수 때라 곡물 값이 떨어지기 때문에, 현금 이율이 20%라 해도 보다 많은 양의 곡물을 싸게 살 수 있기 때문이다. 법으로 이자를 정한 것은 가난한 사람들을 보호하기 위해서 그 이상 받지 말라는 최고 상한선을 규정해 놓은 것이다. 그러나 일반적으로는 이러한 규정이 잘 지켜지지 않았다. 실제로 통용하던 이자율은 이것을 훨씬 능가한 것으로 보인다. 누지 문서에서 대부금의 이자율은 50%였다. 아마르나 문서에서 상인들은 채무자에게 아주 엄청난 50-70%의 이율을 부과했다. 그리고 정해진 기간 내에 빚을 갚지 못했을 때는 상당히 높은 벌칙의 이자율이 부과되었다. 앗시리아의 식민지인 퀼테페에서는 지불 유예시 연체이자율이 25%에서부터 120%에까지 이르렀다.

바벨론의 경제 체계는 도시국가의 출현 이후에도 주로 농경 중심이었고, 이 체제가 산출해 내는 산출량은 풍작의 작황을 전제로 하여 추정되었기 때문에 매우 높게 책정되어 있었다. 이것은 언제나 채무자에게 걸림돌이 되었다. 게다가 자기 소유 땅이 없어 소작하는 경우는 소출의 2/3에 해당하는 높은 소작료를 물어야 했다.(함무라비 법전 64조) 또한 가뭄과 홍수는 추수량에 큰 타격을 입혀 채무자들을 일시에 도산하게 만들었으므로 큰 사회변동 요인으로 등장했다. 함무라비 법전은 홍수나 한발 등 천재지변으로 곡물을 거두어들이지 못한 해에는 부채를 상환하지 않아도 되도록 계약을 갱신하고, 이자를 지불하지 않게 했다.(48조) 그리고 상인이 돈을 빌려줄 때 법정 이자율에 의해 징수하게 했으며(88조), 만일 법정 이자율 이상을 요구할 때나(90조), 이중계량형을 사용함으로써 부당이익을 취할 때, 즉 임대할 때는 가벼운 저울추나 적은 용기로 계량하고 받을 때는 무거운 추나 큰 용기를 사용하는 상인이 있을 때, 그 상인의 빌려준 원금과 물건을 몰수하도록 하는 법을 정하였다.(94조) 이스라엘에도 이와 똑같은 문제들이 있었다.(막6:10-11; 신25:13-15; 레19:33-36)

이스라엘의 채권, 채무제도

주전 2천년 초부터 셈족들 간에 공통적으로 행해지던 관행인 이자 부과 행위는 성서의 초기 법률들에 의해 정죄되었다. 이스라엘 법은 동족에게 세나 이자를 취하는 것을 절대 금한다.

> 너희가 너희 가운데서 가난하게 사는 나의 백성에게 돈을 꾸어 주었으면, 너희는 그에게 빚쟁이처럼 재촉해서도 안 되고, 이자를 받아도 안 된다.(출 22:25)

> 너희 동족 가운데, 아주 가난해서, 도저히 자기 힘만으로 살아갈 수 없는 사람이 너희의 곁에 살면, 너희는 그를 돌보아 주어야 한다, 너희는 그를 나그네와 임시 거주자처럼 너희와 함께 살도록 하여야 한다. 그에게서는 이자를 받아도 안 되고, 어떤 이익을 남기려고 해서도 안 된다. 너희가 하나님 두려

운 줄을 안다면, 너희의 동족을 너희의 곁에 데리고 함께 살아야 한다. 너희
는 그런 사람에게 이자를 받을 목적으로 돈을 꾸어주거나, 이익을 볼 셈으
로 먹거리를 꾸어 주어서는 안 된다. 나는 너희의 하나님이 되려고, 너희에
게 가나안 땅을 주고, 너희를 이집트 땅에서 이끌어 낸 주 너희의 하나님이
다.(레25:35-38)

당신들은 동족에게 꾸어주었거든 이자는 받지 마십시오. 돈이든지, 곡식이
든지 이자가 나올 수 있는 어떤 것이라도 이자를 받아서는 안 됩니다. 외국
사람에게는 꾸어주고서 이자를 받아도 좋습니다. 그러나 동족에게서는 이
자를 받지 못합니다. 그래야만 당신들이 들어가 차지할 땅에서 당신들이 하
는 모든 일에, 주 당신들의 하나님이 복을 주실 것입니다.(신23:19-20)

이자를 금지하는 법은 3대 법전에서 모두 언급되고 있다. 이것으로
서 이자를 금지하는 법이 이스라엘 전 역사를 통해서 강력히 촉구된 법
이었다는 것을 알 수 있다. 또한 법전에서는 7년에 한 번씩 그 빚 전체
를 면제해줄 것을 요구한다.

매 칠 년 끝에는 빚을 면제하여 주십시오. 면제 규례는 이러합니다. 누구든
지 이웃에게 돈을 꾸어 준 사람은 그 빚을 면제하여 주십시오. 주님께서 면
제를 선포하였기 때문에 이웃이나 동족에게 빚을 갚으라고 다그쳐서는 안
됩니다. 이방 사람에게 준 빚은 갚으라고 할 수 있으나, 당신들의 동족에게
준 빚은 면제해 주어야 합니다 … 빚을 면제하여 주는 해인 일곱째 해가 가
까이 왔다고 해서, 인색한 마음으로 가난한 동족을 냉대하며, 아무것도 꾸
어 주지 않아서는 안 됩니다. 그가 당신들을 걸어 주님께 호소하면, 당신들

이 죄인이 될 것입니다. 당신들은 반드시 그에게 꾸어 주고, 줄 때에는 아깝다는 생각을 하지 마십시오. 그러면 주 당신들의 하나님이 당신들이 하는 모든 일과 당신들이 손을 대는 모든 일에 복을 내려 주실 것입니다.(신15:1-10)

그런데 이 구절에서 외국인에게는 이자도 받고(신23:20) 빚을 면제할 필요도 없다고 하는 말씀을 좀 더 살펴볼 필요가 있다. 우리말 성서에는 '이방인' 또는 '나그네'로 번역되어 있지만 히브리 말로는 '게르'(gér), '토샤브'(tôsáb), '노크리'(nokrî) 등 세 종류의 이방인이 있다. 먼저 "너희 동족 가운데, 아주 가난해서, 도저히 자기 힘만으로 살아갈 수 없는 사람이 너희의 곁에 살면, 너희는 그를 돌보아 주어야 한다, 너희는 그를 '나그네(게르)'와 '임시 거주자(토샤브)'처럼 너희와 함께 살도록 하여야 한다."(레25:35)라는 구절을 보자. 오히려 이 말씀에서는 자기 동족을 '게르'나 '토샤브'처럼 대하라고 하여 이들을 이상적으로 대우해야 하는 모델로 선택한다.

이에 비해 위에 언급한 이자를 받거나 탕감 대상에서 제외하는 이방인(신15:3, 23:20)은 '노크리'이다. 이들은 아마 잠시 동안 이스라엘에 거주하는 외국 상인으로 생각된다. '게르'는 모든 약자보호법의 보호를 받았고, 이방 민족에게는 가장 배타적인 야훼 종교행사에도 일정하게 참여할 수 있었다. '토샤브'는 '게르'보다는 덜 동질화되어 있으나, 이 역시 호의적이다. 하지만 거주자가 아닌 상업을 목적으로 온 이방인(노크리)에게는 당연히 이자를 받아야 한다. 농경사회에서 남에게 빚을 내는 사람은 부득이한 사정으로 생계를 유지하기 위해 빚을 내는 것이다. 그런 경우 이자를 받는다면 그는 일어나기 힘들어 질 것이다. 그러나 상업을 목적으로 사업 자금을 마련하기 위해 빚을 내는 경우는 당연히 이자를 받아야 한다. 본래 이자를 받지 말라는 것은 진정으로 가난한 사람들을 위해서 대부하라는 것인데 상업적 목적을 가지고 들어온 외국인에게는 그렇게 할 필요가 없다.

이스라엘 초기 사회에서는 한 집안이 곤경에 빠졌을 때, 그 주변 친척들이 무이자로 다음 추수 때까지 먹을거리를 빌려주어 서로의 회복을 도왔다. 이스라엘은 초기 평등사회에서 친척들이 보호연합체의 기능을 하던 옛 관습을 적어도 자기 동족들 간에 유지하려고 애썼다. 그러나 변화한 상업적 사회에 대해서는 그 사회의 법칙대로 적용하려고 했다.

담보물과 보증

신용대부를 할 때의 담보와 보증은 안전성을 확보하기 위해 이용된다. 그러나 채무 자체보다는 담보나 보증인을 탐내는 경우가 빈번해졌다. 알라라크 토판문서는 군주들이 어떻게 그 도시 주민들에게 적은 돈을 빌려줌으로써 이들을 지배하게 되었는가를 기술한다.

이아림림의 장관이자 알라라크의 군주였던 암미타쿠는 이 도시 전체를 다스리고 있었다. 그는 채무자에게 그 자신, 그의 아내, 그의 아들들 모두를 담보로 잡고 돈을 대부하여 차츰 그의 통솔력을 증가시켜 나갔다. 채무자들은 그의 가족들과 함께 담보(저당, 보증)로 암미타쿠의 집에 기거해야 했고 만일 돈을 갚지 못하면 그만큼 몸으로 노동함으로써 그 빚을 갚아야 했다. 만일 채무자가 탈출하거나 죽게 되면 빚은 그

의 친척에게로 전도되었다. 이자율은 20%, 25%였다.[4] 이렇게 채권-채
무관계가 단지 이자를 늘리는 재산증식의 수단이 아니라 고대군주들이
인간을 예속시켜 노동력을 무한히 착취하기 위한 자기 통치의 기술로
이용했다는 것은 주목할 만하다.

그러나 구약의 담보물은 상징적인 것으로서, 채무에 대한 증거물 역
할만을 했다. 담보물은 명목상 가치밖에 없어 실제적인 가치를 반영하
지는 못했다. 그 당시 통용한 담보물은 주로 의복이었고, 이런 의복은
'채무자'의 인격을 대신하는 상징적인 것이었다. 계약법전은 의복마저
도 "그가 밤에 덮고 잘 수 있는 것은 그 옷뿐이기 때문에 황혼이 되기
전에 되돌려 주라"(출22:25; 신24:12-13; 참조, 욥22:6; 암2:8)고 한다.
또 한 손으로 돌리는 맷돌이나 맷돌 위짝만일지라도 매일의 생활에 필
수적인 물건들을 담보물로 취하는 것을 금지했다.(신24:6)

그리고 채권자가 저당물을 직접 내어가려고 채무자의 집안으로 들
어갈 수 없었다. 채권자가 집 밖에서 기다리고 있으면 채무자가 저당
물을 가져다가 채권자에게 전달하여야 한다.(신24:10-11) 이것은 차압
의 인상을 피하기 위해서이다. 담보물의 소유권은 아직 채무자에게 있
는 것이 원칙이다. 채권자가 아무리 자기 돈을 못 받았다고 해도 그 담
보물들을 임의대로 팔아 자기 돈을 보충할 수 있는 권리는 지니고 있지
않았다. 담보물은 꼭 되돌려 주도록 되어 있다.(겔18:16, 33:15) 그러나
후기 기록은 부동산 담보를 통용한 것에 대해 아래와 같이 말하고 있
다.

---

4) R. P. Maloney, "Usury and restrictions on interest taking in the ancient near east", *Catholic Biblical Quarterly 36*(1974.1), p. 14.

또 어떤 이들은 이렇게 울부짖는다. "배가 고파서 곡식을 얻느라고, 우리는 밭도 포도원도 집도 다 잡혔다!" 또 어떤 이들은 이렇게 외친다. "우리는 왕에게 세금을 낼 돈이 없어서, 밭과 포도원을 잡히고 돈을 꾸어야만 했다!" 또 더러는 이렇게 탄식한다. "우리의 몸이라고 해서, 유다인 동포들의 몸과 무엇이 다르냐? 우리의 자식이라고 해서 그들의 자식과 무엇이 다르단 말이냐? 그런데도 우리가 아들딸을 종으로 팔아야 하다니! 우리의 딸 가운데는 벌써 노예가 된 아이들도 있는데, 밭과 포도원이 다 남의 것이 되어서, 우리는 어떻게 손을 쓸 수도 없다."(느5:3-5)

유대인들이 곡식을 얻기 위하여 토지, 포도원과 집들을 담보물로 잡히고 자기의 아들, 딸까지 담보로 잡힌다. 그리고 이러한 토지들은 이미 채권자의 소유가 되었다. 채권자는 담보물의 이용을 통한 이익으로써 꾸어준 돈을 상쇄했던 것 같다. 사람이 보증을 설 경우도 마찬가지였다. 채권자는 그 노동력을 원금과 이자가 상환될 때까지 사용했다. 이것은 이스라엘 사람들이 채무를 지불할 수 없을 경우 노예상태를 면할 길이 없었다는 것을 말한다.(참조, 왕하4:1-7)

고대 사회에서 빚을 지는 것은 노예가 되는 것을 의미했다. 집안의 가장이 노예가 되면 곧바로 모든 식구들이 함께 노예 생활을 면치 못하게 된다. 채무는 그들을 괴롭히는 가장 무서운 것이었다. 사랑하는 가족들이 평생 노예 생활을 면치 못하고 온갖 종류의 인권유린에서 벗어나지 못했다. 집안 전체의 몰락을 예고하는 전초가 바로 빚을 지는 것이었다. 그러기에 예수님도 주기도에서 "우리의 죄를 용서하여 주십시오. 우리에게 빚진 모든 사람을 우리가 용서합니다. 우리를 시험에 들지 않게 하여 주십시오."(눅11:4) 라고 기도하도록 가르쳐 주셨다.

성서는 "같은 겨레 가운데서나 당신들 땅 성문 안에 사는 외국사람 가운데서, 가난하여 품팔이하는 사람을 억울하게 해서는 안 된다"(신24:14)라고 한다. 나아가 예수님은 포도원 농부의 비유를 통해 아침부터 일한 사람이나 12시, 오후 3시, 심지어는 오후 5시까지도 일자리를 구하지 못해 방황하던 사람에게 일을 시킨 후 일꾼 모두에게 하루 품삯에 해당하는 동일한 품삯을 지불하는 이야기를 전한다.(마태복음 20장) 그것은 임금을 일의 양에 비례해서 지불하기보다는 얼마만큼 일했든지 간에 하루 품삯은 적어도 노동자의 가족 생계비만큼은 지불해야 한다는 원칙을 가르쳐 주신 것이다. 그런 의미에서 한국사회 노동자의 반 수 이상이 비정규직 노동자이다. 같은 일을 하고도 반에도 못미치는 임금을 받는 비정규직 노동자에 대해서 각자의 경험을 이야기 해보고 의견을 나누어 보자.

추락하는 것은 날개가 없다

예레미야 6:13~15

장 아무개(42세, 광주시 남구 봉선동)씨는 18년째 같은 일을 합니다. 얼마 전까지 그는 연봉 4200만원을 받는 중견 회사원이었습니다. 그러나 지금은 같은 일을 하는데도 월 70만원을 받습니다. 계약직이기 때문입니다. 이런 신분변화는 외환위기가 오면서 시작됐습니다. 회사는 먼저 구조조정을 내세워 120명의 동료 가운데 장씨를 포함한 63명을 강제로 명예 퇴직시켰습니다. 그들은 사장실에 찾아가 눈물로 호소했지만 이는 아무런 소용이 없었습니다. 이어 회사 측은 '잘린' 사람들 가운데 그를 포함해 20명을 계약직으로 재입사시켰습니다. 그가 "계약직이라도 좋으니 일하게 해 달라"라고 애걸복걸한 것은 아닙니다. 너무 많은 직원을 잘라 회사가 돌아갈 수 없었기 때문이었습니다. "정규직으로 있을 때와 하는 일이 똑같아요. 말이 좋아 고용 조정이지 순전히 임금을 줄이려는 편법이었지요." 장씨는 올해 초 1년 단위 재계약 때 "먹고 살기 어려우니 임금을 조금만 올려 달라"라고 사정했습니다. 하지만, 돌아온 건 '싫으면 그만두라'는 싸늘한 반응뿐이었습니다. 명예퇴직금으로 받은 4천만원은 2년 만에 눈 녹듯 사라졌습니다. 통장에는 잔고가 한 푼도 없습니다. 아이들은 그가 계약직이 된 걸 모르고 그의 친구들도 모릅니다. 그렇지만 그의 가족은 이젠 정부의 1인당 최저생계비 기준(월 23만4천원)을 밑도는 빈곤층입니다. '처지가 부끄럽다'는 장씨는 앞으로 살아갈 걱정에 한동안 고개를 들지 못했습니다.

위 내용은 한겨레신문에 연재되었던 신빈곤 시대의 일부분입니다. 저임금 계약직의 날벼락을 맞은 건 장씨만이 아닙니다. 통계청이 발표한 1999년 9월 고용동향을 보면, 임금노동자 1294만 7천명의 47%인 607만 9천명만이 정규직이고 나머지 53%는 비정규직(임시직 431만 9천명, 일용직 255만 명)이라고 합니다. 처음으로 비정규직이 정규직 수를 넘어섰습니다. 국제통화기금, IMF가 강제한 '노동시장 유연화' 정책의 결과입니다. 한국노동연구원은 올 상반기엔 신규 취업자의 92%가 임시직 혹은 일용직인 것으로 집계했습니다.

고용조건이 나빠지며 임금 차이도 벌어지고 있습니다. 조순경 이화여대 교수(여성학)가 서울지역 12개 시중은행 3급 이하 은행원 348명에게 실시한 최근 조사에서, 비정규직의 임금수준은 정규직의 41%를 넘지 못하는 것으로 나타났고, 각종 수당과 복지후생 등을 고려하면 그 격차는 최대 89%까지 벌어진다고 합니다. 이게 바로 정부가 외환위기 극복을 자랑하며 그 근거로 내미는 국내총생산 9.8% 성장(3/4분기 12%

성장), 실업률 4% 하락의 실상입니다. 이런 임시계약직의 급증은 여성 노동자의 경우 더욱 심각합니다. 정규직과 비정규직의 비율은 남성이 58% 대 42%인 반면, 여성은 30% 대 70%로 나타나고 있습니다.

지금 우리 살림살이는 날개 없이 추락하는 꼴입니다. 한국의 중산층이 외환위기 후에 바닥없이 추락하고 있습니다. 한국은행은 99년 2분기 국내총생산이 9.8%, 민간소비는 6.4% 높아졌다고 밝힌 적 있습니다. 그러나 이는 일부 부유층에만 국한한 이야기입니다. 유엔개발계획과 참여연대가 행한 '외환위기 이후 한국의 빈곤실태와 빈곤감시시스템' 연구에 따르면, 안정기에 들어섰다는 99년 한 해만 해도 최상위 20%의 소득은 지난해보다 3.7% 늘었지만, 나머지 계층의 소득은 오히려 1.3~8.4% 줄었습니다. 매달 최저생계비 23만 4천원에 못 미치는 사람이 1030만 명을 넘고 있습니다. 새로운 빈곤시대가 우리 앞에 펼쳐지고 있습니다. 자칫하면 냉혹한 계급 갈등이 첨예화될지도 모릅니다.

우리는 잠시 동안 우리 사회에 민중이 어디 있느냐고 했고, 민중교회에도 교인들이 모두 자가용을 타고 온다고 하기도 했습니다. 그러나 그것은 잠깐의 해방이었는지 모르겠습니다. 6.25 이후 보리 고개 때에는 다 같이 어려웠지만 지금은 '풍요 속 절대 다수의 빈곤 시대'를 겪고 있는 것입니다. 이 절대 빈곤층이 겪는 고난은 이루 말할 수 없습니다. 교회 근처에 사시는 비닐하우스 촌 주민들은 대부분 가락시장 주변에서 일용직으로 일하는데, 새벽 인력시장에 나가서 줄을 서면 선착순으로 잘라서 그 날 배당된 일거리를 받습니다. 그런데 요즈음 그 일자리 숫자도 줄어서 앞자리 줄을 서고자 하는 경쟁이 치열합니다. 더 앞에 서기 위해 더 이른 새벽부터 나와 보지만 자기 앞에서 일자리 배당이 잘려서 집에 되돌아 와야 하는 사람들이 그 허탈한 심정을 눈물로 호소하는 것을 듣고 있자면, 듣는 이의 가슴 또한 메어집니다.

또 추락하는 것이 있습니다. 경제력 하락과 더불어 가장의 권위, 사람의 신뢰도도 추락하고 있습니다. 한 사람이 신뢰를 쌓아가는 것은 오랜 세월을 필요로 하지만 그것이 무너지는 것은 한 순간입니다. 하루아침에 인간을 형편없는 존재로 전락시킬 수 있는 것이 우리들이 가지고 있는 별로 곱지 않은 심성입니다. 경제력의 하락은 곧 급속한 인간관계의 추락과 동반되어 나타나고 있습니다.

우리 사회에서 아무리 고매한 인격과 높은 지식을 가졌다 하더라도 돈이 없으면 사람 구실을 하기 힘듭니다. 주변 사람에게 때에 따라 선물도 해야 하고, 애경사에 적당히 인사도 해야 "그 사람 됐어"라는 소리도 들을 수 있습니다. 그러지 못한 사람들은 "돼먹지 못했다"라고 비난받기 일쑤입니다. 기독인들만이라도 제발 그러지 말았으면 좋겠습니다. 있고도 안하는 사람이야 인색해서 그렇다 치더라도, 없으면서 못하는 사람은 얼마나 마음이 불편할 것인지 미리 헤아려 주는 마음이 필요합니다. 교회에 헌금하는 것도 마찬가지입니다. 경제 위기와 더불어 헌금도 할 수 없게 된 처지의 몇몇 분을 알고 있습니다. 그분들이 편안한 마음으로 교회에 다니시기 바랍니다. 경제 형편이 좋고 나쁜 것은 신앙생활의 조건이 되지 않습니다. 조금도 불편해 하지 말기를 바랍니다. 오히려 지금이 그분들에게는 가장 신앙이 절실할 때이며 신앙의 동지들이 필요한 때입니다. 적당히 있는 사람만이 교회에 다닐 수 있다는 통념을 우리는 버려야만 합니다. 그리고 오히려 없을 때 용기와 힘을 주는 교회가 되어야 하겠습니다.

경제력은 하락하더라도 인간에 대한 애정이야 어찌 그것과 비례해서 하락할 수 있겠습니까? 만약 경제적 능력이 없으니까 가장으로서 인정하지 못하겠다는 생각을 하는 사람이 있다면 그것이 어찌 사람의 태도라 말할 수 있겠습니까?

또 함께 추락하는 것이 있습니다. 한국교회가 가진 신앙의 순수성도 급속도로 추락하고 있습니다. IMF 이전에는 그래도 한국교회에 새로운 조짐들이 보였습니다. 보수적인 교회들도 그동안 진보적인 교회들이 하던 사회선교에 대해 관심을 갖고, 인권, 통일 선교를 자기들이 하겠다고 나서기도 했습니다. 저마다 이와 관련된 세미나를 열고, 대규모 사회구제 계획을 세우며, 통일에 대한 열망 등을 앞다투어 말했습니다. 그러나 IMF 이후 어떻게 되었습니까? 모두가 "뒤로 돌아가!"입니다. 복 방망이는 더욱 세게 두들겨지고 더더욱 천박한 기복신앙들의 일색이 되었습니다. IMF 이전 그나마 진보적이던 소수의 교회들마저 보수로 선회하고 개인주의, 이기주의의 불은 더욱 거세게 당겨졌습니다. 소수의 예언자적 사명을 말하던 교회도 휴직상태에 들어갔거나 문을 닫아 버렸습니다. '교회는 보수적으로 해야 발전한다.'는 격언을 남긴 채 말입니다.

맞기는 맞습니다. 교회 숫자와 성장만을 생각한다면 보수적으로 목회하는 것이 월등하게 좋습니다. 지극히 개인의 신앙과 감성에 호소하는 예배와 설교, 사실은 들으시는 여러분도 그런 설교를 편안해하고 좋아하기도 한다는 것을 저는 잘 알고 있습니다. 누구라도 귀에 거슬리는 소리를 좋아하는 사람은 없으니까요. 그러나 하나님도 아니고 예수도 아닌, 저희들 입맛에 맞추어 제조한 우상을 하나님이라고 하고 그 앞에 복달라고 엎드려 빌면서, '살려줍쇼' '죽여줍쇼' 하는 것이야말로 금송아지를 섬기는 신앙이 아니고 무엇입니까? "잘 된다" "복 받는다"라고 해야 좋지, 주님의 뜻이 어쩌고 저쩌고 따지면 사람들은 별로 반기지 않습니다. 남이야 상처 입든 말든 타인의 인권이 어떻게 되던 말든 "꿩 잡는 것이 매다!", "많이 모이는 게 성령이 함께 하는 증거이다"라고 말하는 이런 듣도 보도 못한 사이비 복음이 한국교회를 삼키고 있습니다. 교인들은 옳고 그른 이야기보다는 자기들이 좋아하는 이야기를 듣고 싶어 합니다.

예레미야는 거짓예언자들이 "괜찮다. 괜찮다" 하는 데에 대해서 "괜찮기는 어디가 괜찮으냐 그렇게 역겨운 일을 하고도 부끄러워하기라도 하였느냐?"라고 합니다.(렘6:14-15) 예언자라는 것들이 먹을 것만 입에 물려주면 "평화로다. 평화로다"한다고 그는 한탄합니다. 제 입에만 먹을 것이 물려지면 남이야 죽든 말든, 눈물을 쏟든 말든 아무것도 보이지 않습니다. "평화로다. 평화로다"하다가 또 먹을 것이 떨어지면 전쟁을 일으킬 구실을 찾는다고 합니다.

예레미야는 계속해서 말합니다. "이들은 나의 이름을 팔아 거짓말로 예언하는 예언자들이요, 이들은 '내가 꿈에 보았다' '내가 꿈에 계시를 받았다'고 하지만 거짓으로 예언을 하며 자기 마음에 꾸며낸 환상으로 거짓 예언을 하는" 자(렘23:25-26)라는 것입니다. 사람들이 예레미야를 보고 '부담이 되는 주의 말씀'을 전한다고 합니다. 여기에 대해서 예레미야는 그냥 "주께서 말씀하셨다"라고 하라고 합니다. 그렇지 않으면 예언자의 말이 부담스럽다고 하는 사람들을 가리켜 "너희들이야말로 하나님께서 크게 부담스러워 하시겠다."고 말합니다.(렘23:33) 후에 예수님도 "내 말에 걸려 넘어지지 않는 자는 복이 있다"라고 하셨습니다.

소득은 높아지지만 점점 더 빈부 격차가 벌어져서 어려워지고 있는 것이 현실입니다. 이러한 상황이 방치되면 매우 위험한 사회가 됩니다.

외부의 적을 무서워하기보다 내부에 불안 요인이 더욱 무서운 결과를
가져온다는 것이 바로 역사의 교훈입니다.

09

오경의 중심이 되는 법

안식년, 면제년, 희년

미리 살펴보기

1. 노예해방에 관한 법(출21:1-11; 신15:12-18; 레25:8-13)을 살펴보고 각 법전별로 노예해방의 시기, 방법, 조건 등을 비교하여 보시오.

	시기	방법	조 건 (비 교)
계약법전	안식년(제7년)	남종만 해방	
신명기법전	면제년(제7년)		한 밑천 마련해 줄 것
성결법전	희년(제50년)	사회적 해방	

2. 안식년 법(출23:10-11; 레25:1-7), 면제년 법(신15:1-10), 희년 법(레25:8-55)을 살펴보고 각 법의 내용과 성격을 비교하여 보시오.

노예제도

노예제도는 고대 근동에 널리 통용되던 제도였다. 노예는 엄격히 말해서 사람이 아니라 '물건'이었다. 노역용으로 노예를 빌려주기도 하고, 담보로 제공하기도 했으며, 지참금의 일부로 넘겨주기도 했다. 여자 노예는 일상노동을 제공하는 것은 물론이고 주인의 성적 유희의 대상이면서 새로운 노예자원을 생산하는 도구로 이용되기도 했다. 노예가 불구가 되거나 살해되었을 때, 그 손실에 대한 보상은 상전이 받게 되어 있었다. 노예 자신은 피해 당사자로 인정되지 않는다. 또한 노예가 낳은 자식은 자연스럽게 주인 소유가 되었다. 노예를 인격을 가진 인간으로 보기보다는 단지 주인이 소유한 '소유물'로 보았다. 그럼으로 노예는 말이 통하는 '가축' 정도로 취급되었다. 그러나 구약성서의 법 규범에는 고대의 이러한 '소유권' 사상 속에 '노예의 인간성'을 인정하는 사상이 침투되어 있다.

> 어떤 사람이 자기 남종의 눈이나 여종의 눈을 때려서 멀게 하면, 그 눈을 멀게 한 값으로, 그 종에게 자유를 주어서 내보내야 한다. 그가 자기 남종의 이나 여종의 이를 부러뜨리면, 그 이를 부러뜨린 값으로, 그 종에게 자유를 주어서 내보내야 한다.(출21:26-27)

함무라비 법전에서는 노예의 뼈를 부러뜨렸거나 노예의 눈을 멀게 했을 때 그 노예 매매가격에서 반액을 지불하도록 했으나(199조), 계약법전은 노예의 이빨 하나를 부러뜨렸더라도 자유를 주어 내보내라고 한다.

어떤 사람이 자기의 남종이나 여종을 몽둥이로 때렸는데, 그 종이 그 자리에서 죽으면, 그는 반드시 형벌을 받아야 한다. 그러나 그들이 하루나 이틀을 더 살면, 주인은 형벌을 받지 않는다. 종은 주인의 재산이기 때문이다.(출 21:20-21)

노예가 죽으면 주인도 형벌을 받는다. 여기서는 노예의 생명을 존중하고 그를 인격으로 인정하고 있다. 그러나 노예가 하루나 이틀만 더 살아도 주인은 벌을 면했다. 이것은 주인은 이미 종의 죽음을 통해 손해를 보았다는 고대의 소유권 사상이 적용된 것이다. 계약법전에서는 노예를 단지 주인의 '소유'로 보는 문화적 배경 속에서 비록 제한적이기는 하지만 노예를 '인격'으로서 대하려는 태도도 엿보인다. 그러나 아직은 '소유'와 '인권' 사이에서 갈등을 겪고 있다.

고대근동의 노예해방

함무라비 법전은 노예가 자유를 찾게 되는 네 가지 법적 수단을 인정하고 있다.

첫째, 채무불이행자와 그의 가족들이 팔리거나 넘겨진 뒤, 구입자 또는 채권자 집에서 3년 동안 노역을 하면 해방시켜야 한다.(117조)
둘째, 노예 신분으로 첩이 된 사람과 그녀의 자식은 상전이 죽으면 해방된다.(171조)
셋째, 자유민인 여자와 노예의 합법적인 결혼에 의해서 태어난 자식

은 자유민이 된다.(175조)

넷째, 외국에서 상인이 사가지고 본국으로 데리고 온 바벨론 노예 (주: 함무라비 법전이 바벨론의 법전이므로 자기나라 사람을 말함)는 무조건 풀어 주어야 한다.(280조)

함무라비 왕이 선포한 이러한 법들은 채무불이행자들을 무차별하게 노예화하지 못하게 하려는 목적이었다. 당시에는 빚의 액수에 관계없이 매입자 또는 채권자의 집에서 3년 동안 노예 노동을 하면 어떠한 빚도 탕감하는 데 충분하다고 생각했다.(117조) 이러한 것은 7년 째 해방하라는 성서의 해방법보다 앞서 있는 것이다. 대개 노동자의 몸값은 3년 정도의 노동력 가치에 해당되는 것 같다. 신명기 15장 18절에도 7년 째를 맞이할 때의 해방을 이야기하면서 "그들은 여섯 해 동안 품팔이꾼이 받을 품삯의 두 배는 될 만큼 당신들을 섬겼습니다."라고 한다. 그러나 이러한 법들이 그대로 시행되었는지는 대단히 의심스럽다. 고고학 자료를 통해 고대 바벨론과 신 바벨론에서 채권자에게 아내와 자식을 팔거나 넘겨주었다는 문서를 많이 찾아냈지만 3년 노동을 마치고 해방되었다는 기록은 아직 학자들이 찾아 내지 못했기 때문이다.[5]

고대근동에서 행해진 가장 흔한 노예 해방의 방법은 노예를 양자로 삼거나 그 몸값을 지불하는 것이었다. 수메르의 리피트 이쉬타르 법전 (Lipit-Ishtar Code)에는 노예가 상전에게 몸값을 완전히 지불하면 해방시켜야 한다고 밝히고 있다.(14조) 그러나 아무 가진 것이 없어서 노예가 된 사람이 스스로 자신의 몸값을 지불하기는 불가능하였다. 또 한 가지 가능한 방법은 상전이 죽는 날까지 종으로서의 부양책임을 잘하

---

5) I. Mendelsohn "Slavery in the O.T." *The Interpreter's Dictionary of the Bible*, vol. 4, p. 386

여서 상전이 죽게 된 후 자유를 얻는 것이었다. 그런데 노예를 풀어준 상전의 후손들이 장차 풀어줄 노예에 대한 소유권을 주장하는 일이 있었다. 그래서 해방된 노예는 신전에 의탁해 신에게 바침으로 신의 보호를 받기도 했다.

리피트 이쉬타르 법전은 예외이지만 메소포타미아 법전들은 보상에 의한 노예해방은 상전과 노예 간의 사적 문제라는 이유로 일절 언급하지 않았다. 그러나 어느 상전이 자기 노예를 풀어주고자 한다면 그 법률 자체가 장애가 되지는 않았다. 상전이 마음만 있다면 언제든지 노예를 풀어줄 수는 있었다.

계약법전의 노예해방

계약법전에서는 경제적인 어려움 때문에 자기 자신을 노예로 팔 수밖에 없게 된 사람의 경우, 6년을 노예로 일한 다음에는 그의 부채가 모두 상환된 것으로 여겨 제 7년째에는 그를 석방해야 한다고 말하고 있다.

너희가 히브리 종을 사면, 그는 여섯 해 동안 종살이를 해야 하고, 일곱 해가 되면, 아무런 몸값을 내지 않고서도 자유의 몸이 된다. 그가, 혼자 종이 되어 들어왔으면 혼자 나가고, 아내를 데리고 종으로 들어왔으면 아내를 데리고 나간다. 그러나 그의 주인이 그에게 아내를 주어서, 그 아내가 아들이나 딸을 낳았으면, 그 아내와 아이들은 주인의 것이므로, 그는 혼자 나간다. 그러나 그 종이 '나는 나의 주인과 나의 처자를 사랑하므로, 혼자 자유를 얻어 나가지 않겠다' 하고 선언하면, 주인은 그를 하나님 앞으로 데리고 가서,

그의 귀를 문이나 문설주에 대고 송곳으로 뚫는다. 그러면 그는 영원히 주인의 종이 된다.(출21:2-6)

주인이 결혼을 시킨 경우 아내와 자식들은 여전히 주인 소유이다. 그래서 7년째 해방을 얻더라도 가족과 함께 있기를 원하면 영구노예가 되었다. 이때 그 표로 문기둥에 귀를 대고 송곳으로 구멍을 뚫는다.(출 21:5-6) 이러한 법은 가족관계를 악용해서 영구노예화 할 가능성을 가졌고, 또 현실적으로 자기 몸까지 담보로 해서 노예가 된 사람이 7년째 해방을 얻더라도 생계의 대책이 생기지 않으면 영구노예를 자청하지 않을 수 없었다.

더군다나 계약법전(출20:22-23:33)에서는 남종만 제 7년 해방의 대상이고 여종은 그 대상이 아니다. "남의 딸을 종으로 샀을 경우에는, 남종을 내보내듯이 그렇게 내보내지는 못한다."(출21:7)라는 것이다. 그것은 여종의 경우 이미 주인과 몸이 섞여있기 때문이다. 이미 그녀는 종의 관계라기보다 남편과 아내의 관계로 언급된다. 그러나 나중에 마음이 변하여 그 여자가 마음에 들지 않으면, 몸값을 얹어서 그 여자의 아버지에게 되돌려 보내야 한다. 또한 주인이라고 해서 그 여자를 외국사람에게 팔아서는 안 된다.(출21:8) 그것은 주인이 끝까지 그 여자 종과의 신의를 지키지 못했기 때문이다.

만약 여종을 자기 아들에게 주려고 샀으면, 그는 그 여자를 딸처럼 대접하여야 한다.(출21:9) 그리고 만약에 한 남자가 아내를 두고 또 다른 아내를 맞아들였을 때에, 그는 그의 첫 아내에게 먹을 것과 입을 것을 줄여서 주거나 그 아내와 부부 관계를 끊어서는 안 된다. 그가 그의 첫 여자에게 이 세 가지 의무를 다 하지 않으려거든, 그 여자를 자유롭

게 풀어 주고, 아무런 몸값도 받지 않아야 한다.(출21:10-11) 그러나 후
대에 가면, 집안에 종으로 온 여자를 남편에게도 속하지 않고 아들에게
도 속하지 않고, 즉 아내의 예우도 며느리의 예우도 해주지 않으면서,
아버지와 아들이 마치 물건을 공유하듯이 자신들의 성욕을 채우기 위
해서 같은 여자에게 공동으로 드나드는 일이 생겼다.

> 그들은 힘없는 사람들의 머리를 흙먼지 속에 처넣어서 짓밟고, 힘 약한 사
> 람들의 길을 굽게 하였다. 아버지와 아들이 같은 여자에게 드나들며, 나의
> 거룩한 이름을 더럽혔다.(암2:7)

신명기법전의 노예해방

신명기 법전(신12-26장)에서도 히브리인 채무노예에 대해서 6년이
지난 다음 해방할 것을 말하고 있다. 그러나 신명기는 계약법전의 한계
를 다소는 극복하고 있다. 우선 신명기는 계약법전에서 남자에게만 실
행한 노예해방을 여자에게도 적용하고(신15:17-18), 해방할 때 그녀에
게 한 밑천의 재산을 마련해 줄 것을 규정한다.(14절)

신명기법은 시느기야의 노예해방(렘 34:8-22)의 전거로 사용됐다.
바빌론의 느부갓네살이 예루살렘을 포위했을 때, 그곳 주민들은 자기
집에 있는 히브리인 노예들을 해방시키는 혁명적 조치를 단행했다. 그
러나 성의 포위가 풀리자, 그들은 해방시켰던 노예들을 다시 잡아들여
노예로 삼는다. 아마 성이 포위되면 식량 문제가 가장 심각해지므로 부
담을 줄이기 위해 기만적으로 노예를 해방했던 것으로 보인다. 이때 예
레미야는 야훼 법을 위반하고 하나님을 기만하는 것에 대한 벌로 나라

의 멸망을 선포하였다. 느헤미야 때도 지켜지지는 않았으나 느헤미야
(5:5이하)의 훈계조 설명으로 보아서 그 시대에 이 법은 잘 알려진 법이
라고 추정된다. 또한 신명기는 더욱 혁명적인 노예 해방을 말한다.

> 어떤 종이 그의 주인을 피하여 당신들에게로 도망하여 오거든, 당신들은 그
> 를 주인에게 돌려보내서는 안 됩니다. 성 안에서 그가 좋아하는 곳을 택하
> 게 하여, 당신들과 함께 당신들 가운데서 살게 하여주고 그를 압제하지 않
> 도록 하십시오.(신23:15-16)

이 법은 고대 근동에서는 매우 독특한 법이다. 누지문서에서는 도
망친 노예를 숨겨준 사람에게 벌금을 부과했지만, 함무라비법전은 보
다 엄격했다. 도주하도록 도와준 자, 숨겨준 자, 주인에게 내주지 않은
자는 사형에 처하도록 했다. 또한 고대근동 국가들은 국제조약을 맺을
때, 상대방 국가로 도주한 노예들을 다시 주인의 나라로 인도해 줄 것
에 대한 규약을 포함시켰다. 그렇기 때문에 시므이도 가드의 왕에게 도
망친 두 노예들을 다시 찾아올 수도 있었던 것이다.(왕상2:40, 참조-삼
상 30:15) 고대 근동에서는 도망친 노예를 주인에게 넘겨주는 것이 자
명한 규칙이었다. 따라서 만약 신명기법을 일반적으로 모든 노예에 대
해서 그대로 시행했다면 노예제도가 곧 폐지되는 결과가 빚어졌을 것
이다.

그러기 때문에 이 법에 대해 합리적인 해석을 꾀하는 사람들이 있다.
멘델손(I. Mendelsohn, 위의 책, p. 388)은 이 법이 한 집에서 다른 집으
로 도망하는 경우가 아니고, 히브리인이 외국으로 팔려나갔다가 탈출
해서 다시 본국(팔레스타인)으로 피신하여 오는 경우를 말했을 것이라

고 본다. 이 법규의 제정 취지는 그 공동체의 옛 구성원인 히브리인 채무노예 혹은 미성년자들을 보호하려는 데 있다. 그리하여 외국에서 온 히브리계 탈출노예의 송환을 반대하고 그들에게 피난권과 이동의 자유를 보장하라고 요구한 것으로 보는 것이다. 그것은 함무라비 법(제 280-281조)과 중기 앗시리아법(C판 32조)에서 자국민의 토박이들을 외국에 팔지 못하게 하는 셈계의 일반적인 입법 경향과도 잘 부합된다. 그러나 이는 본문의 혁명적인 내용을 고대근동의 맥락 속에 억지로 굴절시켜 놓은 듯한 인상을 주기도 한다.

드보는 이 율법이 외국에서 이스라엘로 들어와서 사는 "게르"나 "토샤브"를 가리키는 것으로 본다. 이스라엘 백성들이 아마도 자신들의 '거룩한 땅' 전체를 도피처로 여겨서 죄인의 인도를 거부하고 이스라엘을 그들이 숨을 수 있는 피난처로 여긴 것으로 보았다.[6]

아무튼 매우 독특한 이 법은 고대근동 문헌 중에 성서 이외에는 다른 병행 구절들이 없기에 그 실행여부를 의심받는 것은 사실이다. 그러나 정확한 실행가능성과는 별도로 정신에 있어서 노예해방을 위한 혁명적인 법이기에 이것을 이리저리 현실과 맞추어 굴절시키기 보다는 그 아름다운 정신 자체를 보존하고 지켜가는 것도 중요하다.

성결법전의 노예해방

성결법전은 매 50년마다 희년을 선포한다. 희년에는 모든 노예를 해방시키고 그들이 본래 분배 받은 땅과 기업을 되찾아 주어야 한다. 잘못 생각하면 희년의 노예해방법은 매 7년마다 해방하라는 종전의 법을

---

6) R. De Vaux, *Ancient Israel*, p. 83

폐기하고 오히려 50년으로 후퇴시킨 것이 아닌가 하고 의심할 수 있다. 그러나 안식년(7년) 해방법은 노예와 주인간의 개인적인 계약에서 지켜야 할 의무이지만 레위기 25장은 "뿔 나팔을 불어" 이를 공중에 알리라고 한다. 이것은 전 사회에서 동시에 실시하는 공적인 법이라는 것이다. 즉 희년이 되면 개인적으로 채 6년이 차지 않은 노예도 전면적으로 석방해야 한다는 사회 전체의 대해방령이라 볼 수 있다.

희년의 노예해방에는 안식년 해방법에서 제외됐던 영구노예(자원해서 귀에 구멍을 뚫은 노예와 노예의 부모 사이에서 태어난 가내출생 노예)도 포함된다.(레25:41, 54) 탈굼 요나단(Targum Jonathan: 히브리 성경의 아람어역)에서는 영원히(leôlám)를 희년까지의 뜻으로 해석한다. 또한 귀에 구멍이 뚫린 자는 희년이 되거나 상전이 죽으면 자유를 얻게 된다. 그리고 희년에는 다시 노예의 멍에를 메지 않도록 그가 소유했던 본래의 소유지도 다시 환원시켜 준다. 경제력의 해방이 없는 노예해방은 무의미하기 때문이다. 이와 같이 희년의 노예해방법은 히브리 민족 공동체의 모든 구성원에게 영구노예제도를 폐지하는 기능을 한다.

희년 선포는 누가복음 4장 18절에서 예수님께서 자신의 공생애를 알리는 말씀으로 인용하여 유명해졌다. 이것은 마치 오페라 막이 오르기 전에 전체 주제를 함축한 서주를 연주하듯이 예수님께서 앞으로 자신의 활동이 어떤 것임을 보여주시는 첫 번째 메시지이다. 그것은 "주의 은혜의 해" 곧 "희년"의 선포이고 그것이 오늘 이 자리에서 이루어졌다고 하신 선포였다. 그리하여 예수님의 사역 전체를 희년을 이루어 나가시는 것으로 보기도 한다.[7]

누가복음 4장에 언급한 예수님의 희년 선포는 이사야 61장 1-2절을

---

7) S. H. Rinse, *Jesus, Liberation and the Biblical Jubilee* (Philadelphia : Fortress Press, 1985)

인용했다. 이사야서는 '가난한 사람이 기쁜 소식을 듣고, 상한 마음은 싸매어 주고, 포로에게 자유함을, 갇힌 사람은 석방을, 슬퍼하는 사람은 위로를 받을 것'을 말한다. 이사야서에 나오는 그날은 현상의 질서가 뒤집어지는 날이며 '보복의 날'이고 동시에 '은혜의 날'이다. 그러나 누가복음에는 "우리 하나님의 보복의 날"이 삭제되었고, "눈 먼 사람에게 눈 뜸을 선포"하는 이상이 첨가된다. 희년의 이상은 이제 현실적인 차원을 넘어 이상적 세계, 새로운 나라에 대한 유토피아적 개념으로 나아간다. 하나님 나라에 대한 예수님의 말씀에서 이런 성격은 더욱 강화된다. "앉은뱅이가 일어나고 … 귀머거리가 말을 하고…" 예수님께서 보시는 희년의 성취에는 현상 질서들이 바로 설 뿐 아니라 인간 치유가 이루어지기도 한다. 예수께서는 "하나님 나라"로 희년의 이상을 확장하며 이어가신다.

안식일/안식년

고대 근동에서는 제 7년, 제 7일을 사람에게 화를 미치는 신들이나 영들이 지배하는 흉일로 여기고 모든 신체 노동을 금기했다. 바알 신화는 풍년이 들더라도 제 7년이나 제 7일에는 재난의 위협이 숨어 있다고 보았다. 그래서 정기적으로 땅을 묵혔는데, 기근을 감수하고서라도 불모의 힘을 극대화시켜 재난이 사라지도록 한 것이다. 이와같이 제 7년에 휴경함으로써 모트(Mot, 우가릿 신화에 등장하는 죽음의 신)의 힘을 극대화하고 '7년이 지난 후' 바알은 모트와의 큰 싸움에서 승리함으로써 그를 물리쳐 버린다. 그러나 구약성서는 고대 셈족이 화근으로 생각하고 기피하던 날을 약자들을 위한 날로 선포한다. 안식일에는 아들,

딸, 남종, 여종은 물론 소와 나귀 그 밖의 모든 가축과 집안에 머무는 식객이라도 일하지 못한다.(출20:8-11; 신5:12-15)

안식년 역시 '약자들을 위한 해'이다. 안식년에는 노예들을 해방하고 땅 사용을 중단했으며 저절로 자란 곡식을 주인이 거두지 못하게 하였다. 그것은 가난한 사람들의 몫이기 때문이다.(출23:11) 또한 남은 것은 땅에 사는 모든 짐승들의 차지가 된다. 어떤 경우라도 제 7년의 곡식을 추수하거나 저장해서는 안 되었다.

계약법전에서는 휴경 대상이 되는 땅이 마을을 제외한 경작지(에레츠-'erets)로만 제한된다. 그러나 성결법전에서는 경작지에 해당하는 용어로 에레츠 대신 개인소유의 들과 밭까지 포함하는 사데(sádeh)가 쓰여 자연스럽게 "전 국가 영역"을 포함하는 말로 확장한다.(레25:3, 4) 이러한 선포는 "6년째 복을 베풀어 3년 먹을 양식을 주겠다"(레25:21)라는 말은 국민 전체의 양식이 영향 받을 정도로 안식년법이 전 국가적으로 유효한 법이었다는 것을 알려준다. 유대인들은 자신들이 유랑지로 끌려간 후에야 비로소 이스라엘 땅이 안식을 누릴 수 있었다며, 그들이 망한 것은 안식일-안식년 법을 범한 죄 값이라고 말한다.(레26:35, 43; 대하36:21)

안식년을 역사적으로 실행한 예를 살펴보자. 포로기 후기, 느헤미야는 개혁 중 하나로 안식년 준수를 강력하게 시행한 때가 있었다.(느10:31) 또한 헬라시대(163-162 B. C.)에는 전쟁 중에 유대인들의 양식이 떨어졌는데, 이유는 그 해가 "대지에 허용된 안식년이었기 때문이다"(I 마카비 6:49, 53)라고 증언한다.

면제년

계약법전의 '제 7년', '안식년'은 신명기법전에서는 '면제년'이라고 불렀다. 신명기법전은 이스라엘 사람이 동족에게 진 빚을 탕감해 주는 이스라엘 초기평등사회 제도를 안식년과 연결시킨다. 이 법은 모든 부채의 소멸을 고대의 전문적 용어 스미타(Semitá:중지하다)를 사용하여 표현함으로써 과거의 토지휴식을 인간에게 확대한다. 그것은 채권자가 빚을 탕감함으로써 채무자를 모든 의무에서 해방시켜주는 것을 말한다.(신15:1-11)

또한 노예생활을 하던 자들의 해방은 부채상환을 의미한다.(신15:12-18) 부채 때문에 노예가 된 사람은 노동으로 부채를 갚아야 하는데, 노예의 노동은 주인이 그의 숙식을 책임져야 하므로 그나마 품꾼이 받는 품삯의 반(1/2)밖에 쳐주지 않았던 것으로 보인다.(신15:18) 면제년의 노예해방은 몸의 해방인 동시에 부채의 면제를 의미한다. 신명기는 면제년이 정기적으로 돌아왔다는 것을 암시한다. "안식년, 즉 면제년이 곧 돌아온다'고 스스로 말하면서 가난한 형제에게 꾸어주는 것을 거절해서는 안 된다"고 강조한다.(신15:7-11) 또한 7년마다, 곧 면제년으로 정해진 시점에서 율법을 낭독하도록 하여 면제년의 주기적인 성격을 증언한다.(신31:10)

면제년이 역사적으로 실현된 예로 시드기야의 노예해방(렘34:8 이하)을 들 수 있는데, 이는 확실히 신명기 15:12 이하와 관련이 있다. 시드기야의 해방은 588-587 B. C.에 있었던 안식년 축전과 연관하여 실행된 것으로 본다. [8]

---

8) N. Sarna, "Zedekiah's Emancipation of Slaves and the Sabbatical Year," *Orient and Occident*, 1973.

한편 무랍바아트(Murabbaat: 쿰람의 남쪽 사해 서안)에서 발견한 헤롯시대의 부채증서에는, 채권자들이 부채계약을 맺으면서 "채무자는 안식년을 통하여 예상하는 이익을 단념한다"라는 프로스볼(prosbol)이라 불리우는 단서조항을 넣도록 하여 면제년법을 피하려고 했음을 살펴볼 수 있다.[9]

새로운 사회의 청사진: 희년

희년은 안식년을 일곱 번 지나 50년째가 되는 해로서 모든 이스라엘 민족에게 해방을 안겨주는 해이다. 희년에는 누구나 자기의 상속재산을 되찾게 하였다. 즉, 매각한 농토와 집들이 본래의 소유자에게로 되돌아갔다. 또한 노예들도 해방되었는데 그들에게는 생산기반까지 제공되었다.

땅의 회복은 노예해방과 부채 탕감과 병행하여 이루어진다. 부채로 노예가 되는 것이 대부분이었기에 부채 탕감을 하면 자연히 노예해방도 이루어진다. 그러나 신분이 회복되어도 자기 소유가 없는 상태이면 또 다시 노예로 전락할 수 밖에 없다. 그러기에 땅의 회복은 아주 근본적인 조치였다.

최근에는 고대 바벨론 시대에 왕의 칙령에 담긴 사회적 경향과 이스라엘에서 노예를 해방하고 토지를 재조정하던 것과의 관련성이 연구되기도 하였다. 고대 바벨론의 칙령은 원래 새 왕이 즉위할 때에 사회적 균형을 재확립하기 위해 발표된 것이다.

레위기 25:10에 드로르(deror:자유)란 용어가 나오는데 이것은 아카

---

9) R. De Vaux, op.cit, p. 174.

디안어 안드라룸(andúrarum)에서 빌려온 것이다. 안드라룸은 '어머니에게 돌아간다'는 뜻으로 부채 탕감과 노예해방, 불법적으로 자유민에게 부과한 일들을 취소시키는 용어로 바벨론 제국 전반에 걸쳐(2,200-600 B.C.)통용하였던 말이다.[10]

구약에서는 문서예언자들이 처음으로 드로르를 사용하는데(렘 34:8,15; 겔46:17; 사61:1) 시드기야의 칙령(렘34:8)도 신 앗시리아의 칙령에 의존했다고 이야기할 수 있다. 그 시대에 유대는 백년 이상 동안 앗시리아 또는 바벨론의 봉신국이었다. 그 당시에는 그들의 문화적 기반인 "드로르"란 용어로 자신들의 사회변혁 의지를 표현할 수밖에 없었다. 하지만 성서에는 단지 용어만을 빌려 말하고 있을 뿐이다. 성서는 그것이 왕이 베푸는 시혜가 아니라 철저하게 야훼 하나님의 요구이며 야훼께서 주신 법의 실행이라고 말한다.

성결법전은 포로로 잡혀가 약자가 된 이스라엘이 '우리가 주권을 다시 회복한다면 이러 이러한 사회를 건설하겠다'는 사회적 청사진을 그린 것이다. 그러나 이것은 허망한 공상 속에서 세워진 구상이 아니다. 희년법은 이스라엘의 초기 평등사회에서 유래한 역사적 경험을 기초로 한다. 제국주의 아래서 포로생활을 하던 백성이 자기들의 옛 경험에 기초해서, 그들이 처한 현실사회의 기본이 되는 모든 전제들을 직·간접으로 거부하면서, 전적으로 자신들의 땅을 회복하고 해방된 사회의 모습을 그린 것이다.

---

10) North, "deror", *The Theological Dictionary of the Old Testament*, vol 3, p. 266.

하나님이 어떤 분이라고 생각합니까? 그 전에 생각하던 하나님과 성서공부를 통해 새롭게 만난 하나님이 달라진 점이 있는가를 이야기해 봅시다. 그리고 하나님 뜻을 따라 사는 삶이 어떤 것인가를 생각해 봅시다. 여러분은 혹시 "내가 삶에 여유가 있으면 어떤 일을 해서 남을 돕겠다."라는 의지나 혼자 마음속에 숨겨 놓았던 거룩한 꿈같은 것이 있습니까? 자신이 품은 그 꿈들이 무엇인지 이야기해 보고 그중에서 우리가 함께 마음을 모아 실천할 수 있는 것이 있을지 또한 이야기해 봅시다.

예수의 얼굴을 닮은 교회

강남향린교회의 역사 『예수의 얼굴을 닮은 교회』 중 필자의 서문

에베소서 3장 6절은 "그리스도 예수 안에서 함께 상속자가 되고, 함께 한 몸이 되고, 함께 약속을 받은 지체가 되는 것"을 말한다. 이 말들은 교회를 나타낸다. 그리고 그 교회가 바로 한 몸이고, 그리스도의 몸이라고 한다.

개인은 오늘 위대한 생각을 하다가도 내일이면 그 생각을 접을 수도 있고, 뜻은 있어도 조건이 허락하지 않을 수도 있으며, 그가 생각하는 것과는 달리 전혀 엉뚱한 행동을 할 수도 있다. 그러나 개인들이 모여서 이루는 공동체야말로 개인이 갖는 약점을 넘어설 수 있다. 개인의 변화와 도덕성, 의지 등의 한계를 넘어서 집단의 판단과 인격에 의해서 여러 차례 걸러내기에 보다 온전하게 판단하고 행동할 수 있다. 한 사람의 감정과 한 개인이 처한 안팎의 조건에 좌우되지 않는다. 각 개인의 신앙은 불완전하지만, 그들이 모여서 보다 온전한 상태로 집단의 신앙, 집단의 인격을 만들어 갈 수 있기 때문이다.

우리는 개인적 신앙, 개인적 깨달음을 강조한다. 우리는 매일 하나님께서 나를 전율시키듯이 감동시켜 주시기를 간구한다. 그러나 그리스도의 사랑을 깨닫고 이루는 단위는 이미 한 개인의 결단에 머무르지 않고 교회라는 공동체 안에서 보다 온전한 형태를 갖출 수 있는 것이다. 이것이 초대교회와 함께 형성되는 교회의 신학이다. 전에는 예언자나 사사들이 개인적으로 하나님의 사랑을 증언했지만 이제 교회의 출현 이후에는 교회라는 집단인격을 통해서 그리스도의 사역을 행하고 그리스도의 몸을 형성해 나간다.

교회의 신학은 예수를 따르는 삶의 주체를 '개인'이라고 하지 않고 '교회'라고 한다. 이것은 교회의 사명을 강력하게 보여주는 것이다. 교회는 단지 그리스도를 믿는 사람들이 모여있는 곳이 아니고, 그 집단의 실천을 통해서 그리스도를 대변하고 그 분의 삶을 오늘에 되살려 살아가고 만들어 가는 주체여야 한다. 초대교회는 그러한 실천이 살아있는 교회였다.

그러나 곧 교회는 구성원 각자 개인을 위해 봉사하는 집단이 돼가고 말았다. 교회의 선교는 그리스도를 따르는 삶의 실천이 되어야 하는데도 불구하고 그만 교회의 자기 확장을 꾀하는 도구로 전락해 버렸다. 교회에 사람들이 모여서 어떻게 하면 자신들의 삶을 더욱 우아하고 편안하게 만들어갈까 하는 것을 궁리하게 되었다. 자기들이 헌금하고 그것을 자기들을 위해 재투자하여 더욱 편리하고 세련되게 만들어 가는 데에만 신경을 쓰게 되었다.

교회는 교회됨을 상실해 버리고 자기가 싼 똥을 자기가 다시 먹고 점점 비대해져 가는 이상한 동물이 되어버렸다. 교회는 그리스도의 실천과는 거리가 멀어졌고, 단지 광범위한 친목단체가 되어 자기들끼리 돌보아주고 즐기는 폐쇄된 공간이 돼 버렸다.

우리는 쉽게 교회라는 공동체 속에서 사람들의 친화력이 주는 편리함, 안락함 속에 빠져들어 자기들끼리만 친교하고 즐기려고 한다. 동시에 그리스도의 사랑을 나타내고 전하는 실천은 등한시하기 쉽다. 교회는 단지 전율과 감동을 받는 개인들이 앉아 있기만 하는 장소라면 이것은 스스로 '그리스도의 몸'으로서의 중요한 기능을 포기하는 것이다.

오늘 교회는 그리스도의 사랑 실천은 개인 판단에 맡겨 버린다. 그러나 성서가 제시하는 교회의 신학에 따르면 사실은 교회(공동체) 단위로 실천을 만들어가고, 그리스도의 구원과 해방의 역사에 참여한다. 그러므로 불완전한 개인의 실천에 호소하거나 맡기는 식의 신앙 형태는 '교회'를 근본부터 부정하고 있는 것이다. 교회는 교회 단위로 실천하고 그리스도를 따르는 사건들을 만들어 가야한다. 지금 교회는 각 개인에게, 개인은 교회에게 각자 "그리스도의 사건"을 일으키는 책임을 회피하거나 방기하고 있다.

10

거룩함과 법 정신의 완성

레위기와 희년

미리 살펴보기

레위기를 읽어 각각의 법이 선포되는 목적과 법의 내용을 살피고 특히 레위기가 강조하는 거룩함과 레위기의 법이 무슨 상관이 있는지 살펴봅시다.

성서를 무척 사랑하는 한국교회의 크리스천들은 역설적으로 정작 표준이 되는 하나님의 말씀을 잘 알지 못하고 있으며 교회에서도 잘 가르치지 않거나 왜곡하고 있다. 법률하면 고작해야 십계명 정도를 기억할 뿐이다. 십계명은 "~하지 말라"는 형태의 넘지 말아야할 금기선을 제시하는 소극적인 법이다. 그것보다 더욱 적극적으로 야훼신앙의 내용이 드러나는 법률들은 계약법전(출20:22-23:33), 신명기 법전(신명기 12-26장), 성결법전(레위기 17-26장)이다. 이 법을 삼대법전이라고 일컫는다. 십계명은 중심이 되는 정신을 담고 있지만 별도의 법률 자료에 속할 뿐이다. 특히 레위기의 안식년, 희년에 관한 법은 히브리인들의 율법 체계에서 가장 정점에 있는 법들이다. 모든 율법의 법정신이 가장 화려하게 꽃피는 것이 바로 안식일, 안식년, 희년 법이다.

그런데 정작 가장 중요한 위치에 있어야 할 법들이 왜 교회의 현장에서는 소외되고 기피되고 있는가? 그것은 우리가 미처 그 법들을 따라 갈 수 없고, 매우 지키기 힘들기 때문이다. 십계명의 "~하지 말라"는 정도의 규정이라면 쉽겠지만 하나님 말씀의 근간이 되는 삼대법전의 법들은 오늘 우리들로서는 도저히 따라가기 벅찬 법들이기 때문이다. 그러면서도 크리스천들이 꼭 지켜야할 삶의 목표들이기도 하다. 그런데 교회는 그 법을 폐기 처분해 버리고 말았다. 동시에 하나님을 찾는 신앙도 폐기처분 되었다. 그 결과, 우리 사회도 심지어는 교회까지도 하나님 없는 불신의 장이 되어버리고 말았다. 하나님의 말씀은 우리가 지키기 힘들다고 하여 폐기해 버릴 수 없는 말씀이다. 예수님께서도 "내 말에 걸려 넘어지지 않는 사람이 복되다."고 말씀하셨다. 그 말씀들은 힘들어도 여전히 우리가 따라가고 지켜야할 목표가 되어야 한다. 이 말씀들은 우리들 개개인을 불러 세우며 우리가 딛고 서야할 준거점을 명백하게 제시해 주기도 한다.

이 글을 통해서 레위기가 중심점으로 삼고 있는 거룩함에 대해서 살펴보겠다. 그리고 이스라엘의 제사제도, 제물에 대한 연구로 종교적인 정함과 거룩함의 의미와 신학 그리고 연결되는 대속죄일과 안식년 희년의 관계등을 조명해 보고 가장 거룩한 제사(예배)를 추구하는 종교정신과 가장 근본적인 변혁을 추구하는 희년목회가 만나는 지점을 살펴보자.

나 주가 거룩하니, 너희도 거룩해야 한다

오경의 자료군을 크게 나눈다면 출애굽 전승과 시내산 전승이다. 출애굽 전승은 이스라엘이 출애굽하는 과정을 쓴 것이고, 시내산 전승은 이스라엘이 시내산에 올라가 야훼와 계약을 맺고 하나님으로부터 받은 법률자료군을 말한다.

레위기는 출애굽기 19장에서 민수기 10장 사이에 이르는 이야기 형식의 법률자료로서 시내산 전승에 속하는 자료이다. 출 25장으로부터 예배처소들의 설치와 제사장직의 규례, 의복을 규정하는 율법들이고, 레위기 1-6장은 제물규정, 레위기 11-15장은 정결규정, 레위기 17-26장은 전에는 독립되었던 "성결법전"의 율법군(群)이 부록으로 첨가되었다.

레위기 신학의 중심 주제는 거룩함이다. 레위기 전체가 가장 정결하고 거룩한 것을 찾아가는 연속된 물음과 같다. 레위기는 사람이 거룩함을 회복하는 제사제도, 백성의 정결규정, 이스라엘 사람들 개개인이 하나님께 나아갈 수 있는 조건, 속죄할 수 있는 잘못과 속죄할 수 없는 잘못에 대해서 그 조건들을 묻고 그것에 대해 답을 내린다. 또 거룩한 곳에 대해서, 먹어도 되는 음식과 먹지 못하는 것에 대해서, 하나님께 바칠 수 있는 정한 것과 부정한 것에 대해서 양파 껍질을 벗겨가듯이 우리가 추구하는 정하고 거룩한 것들을 집요하게 추적해 들어간다. 그리고 그 끝에서 우리의 철저한 내면을 정화하는 대속죄일(16:29-31)을 언급한다.

레위기 17-26장은 성결법전인데 이것은 일상을 거룩하게 하는 법들이다. 이 법은 대속죄일에 선포하여 안식년과 희년법으로 결론을 맺는다. 마지막 26장은 고대의 계약형식에서 부속조항으로 따라오는 축복과 저주의 조항들이다. 이것은 계약의 이행여부에 따르는 결과다.

성결법전의 중심이 되는 말씀은 "나 주가 거룩하니, 너희도 거룩해야 한다"(레 19:2, 20:7,26)이다. 레위기는 거룩한 제사와 거룩함을 회복하는 것을 중심으로 하고 있지만 동시에 희년에 대한 주된 텍스트이기도 하다. 즉, 레위기는 종교에서의 철저한 거룩함과 사회에서의 혁명적인 희년이 조화를 이룬다. 이스라엘의 신앙에서 종교와 사회는 구분되는 영역이 아니었다. 내적으로 철저하게 거룩해지는 길과 평등하고 자유로운 사회를 구현하는 길은 동전의 양면처럼 함께 추구해야하는 신앙인의 지향이었다. 그리스도인들의 신앙은 세상과 동떨어진 거룩함이 아니다. 세상 속에서 세상을 바꿔나가며, 동시에 자기 내적 거룩함을 갈망하는 것. 그것이 신앙인의 자리다.

이는 진보와 보수로 갈려서 분열을 겪고 있는 한국의 기독교와 한국 사회에 참다운 거룩함이 무엇이고 참다운 사회적 혁명이 어떤 결단에서 나와야 하는 가를 보여주는 모범이다.

제사의 종류

레위기에 언급되는 제사는 번제, 소제, 화목제, 속죄제, 속건제 등이 있다. 그리고 드리는 방법에 따라 거제와 요제, 화제 등도 언급된다.

번제는 가장 거룩한 제사로 가죽을 제외하고는 모두 불에 살라 바치는 제사이다.(레위기 1장) 모든 종류의 제사에는 이 번제적인 요소가 있어야 제사가 된다.

소제는 곡식제물을 바치는 것인데 상징적으로 한줌은 불에 살라 바치는 번제로 드리고 나머지는 주로 제사장께 바친다.(레위기 2장)

화목제는 기름이나 내장등은 번제로 드리고 나머지 고기는 제사 식사 때 가족이나 남종, 여종, 고아, 과부, 가난한 사람을 초청하여 함께 나누는 교제의 식사를 가진다. 이를 "야훼 앞에서의 식사" 또는 "야훼

의 얼굴을 대하는 식사"라고 하며 신약시대에는 성만찬 예식으로 발전
되었다. 화목제는 규정되어 있는 절기에서 감사를 드리거나, 개인 또는
집단이 곤경에서 벗어났을 때, 특별히 감사한 일이 있을 때 드리는 제
사이다.(레위기 3장) 개인이 서원하여 드리는 서원제, 스스로 희망하여
드리는 자원제도 화목제에 해당한다.

속죄제는 피해자가 명확치 않은 죄를 속할 때 드린다. 죄를 벗으려면
제물을 드려야 했다. 그러나 가난한 사람들이 물질로 인해 자신의 죄를
벗지 못할 때는 산비둘기나 집비둘기로 또는 고운 가루 1/10에바(2.2리
터 정도)로 대신 할 수 있다.(레위기 4-5장) 예수는 스스로 제물이 되시
어 하나님과 우리 사이를 화해케 하셨으며 우리 또한 그리스도와 같이
화해의 사절이 되게 하셨다.(고후 5;18-20)

속건제는 타인에게 잘못한 일에 대해서 하나님 앞에 용서를 구하며
화해하는 제사이며 피해당사자에 대해서 손해배상을 하는 성격이 부
가된다. 배상을 할 때는 피해를 입힌 금액에 1/5을 더해서 배상해야 한
다.(레위기 5-6장)

거제는 제물을 들어올리는 제사, **요제**는 제물을 흔들어 바치는 제사.
화제는 불에 태워 바치는 제사를 말한다.

거룩함의 어원적 의미

개념은 경계를 만든다. 그 개념 안에 들어오는 것과 들어오지 않는
것의 경계다. 개념에 가치와 위계가 생기면 그것도 단순한 경계가 아니
라 구별과 배제, 나아가 차별을 가져온다. 그리스도교 전통에서는 '거
룩함'(qados)이 바로 그런 역할을 해왔다. 레위기에서 먹어도 되는 음식

과 부정한 음식을 구분하듯이 우리들의 일상 속에서 속된 것과 거룩한 것을 구별하고, 사람도 속된 사람과 거룩한 사람을 구분하여 세우는 것이 거룩이라고 보았다. 그래서 종교적 거룩이란 일상에서 속된 것을 배제하여 거룩한 영역을 확대하여 나가는 분리의 개념으로 생각하였다. 그런데 거룩은 처음부터 이렇게 배제와 차별의 개념이었을까?

거룩의 어원은 두 가지로 생각할 수 있다.

첫째는 우가릿의 원시어근 'qdqd'이다. 이 단어는 머리 꼭대기, 털 많은 정수리, 도려냄에서 나온 것으로 본다. 여기서 으뜸 개념은 구별이다. 레위기의 많은 법들은 거룩한 것과 거룩하지 않은 것을 구별해 내는 법들로 흔히 거룩을 구별한다는 의미로 받아들인다.[11]

하지만, 구약학자 H. 링그렌은 "물러섬, 또는 구별의 개념이 언제고 아주 현저한 것은 아니다"고 주장한다.[12]

그런데, 거룩(qados)의 어원을 아카드어 'qadasu'로 보는 견해도 있다. 이 단어는 '밝다', '빛난다'는 의미인데, 성서에서 거룩(qados)이나 영광(kabod)이 빛이나 불의 이미지와 함께 쓰이는 것으로 보아 '거룩함'의 뿌리를 'qadasu'에서 찾는게 더 무게를 실을 수 있을 듯하다. 즉, 거룩의 본래 의미는 '빛나는 하나님의 현존'에서 유래되었다는 것이다.[13]

거룩함에는 위생의 문제, 하나님의 현존과 연관된 시공간, 관계회복의 측면이 담겨있다. 다음에서 무엇이 거룩한가를 살펴보자.

---

11) J.Muilenburg, "holiness", *IDB*. Vol II, P.617.
12) H. 링그렌, "거룩에 대한 예언적 개념"(1948), P. 6., A.S.Wood, "거룩", 기독교대백과사전 Ⅰ권(기독교문사,1980), p.404에서 재인용.
13) J.Muilenburg, op. cit., P.617.

거룩함과 위생

레위기에서 '거룩'은 위생의 개념이 자리잡고 있다. 단적인 예를 들면, 시체와 접촉한 것은 부정하다고 여겨진다.(레11:24이하) 특히 새들 중에서 부정한 새로 분류되는 맹금류는 주로 죽은 시체를 먹는 것들이다.(레11:13이하) 이런 새들은 먹어서는 안되는 '음식'이다. 나병이라 불리우는 피부병들(레13-14장), 심지어는 천과 의복에 생기는 곰팡이(레13:47-59), 집 벽에 펴는 곰팡이(레14:33-53)까지 나병으로 분류되며 이는 '부정한 것'이다.

또한 정한 짐승은 먹어도 되지만 부정한 것은 먹으면 안된다. 정한 짐승으로 여겨지는 것은 굽이 갈라져 쪽발이 되고 되새김질을 하는 짐승이다. 이런 것은 정한 것으로 여겨 먹어도 되지만 그렇지 않은 것은 먹으면 안된다.(레11:3이하) 되새김질을 하는 짐승은 먹을 수 있다는 것은 위생과 관련된 듯하다. 음식이 뱃 속에 그대로 남아있지 않고 완전 소화시키는 짐승이 보다 안전하다고 여겨진 것으로 보인다. 지느러미와 비늘이 있는 것은 정한 것으로 먹어도 되지만 그렇지 않은 것은 혐오해야 한다.(레11:9이하) 비늘이 있어 몸을 보호해주는 것이 비늘이 없이 그대로 물에 접하는 물고기보다 보다 정하다고 여겨진 것으로 보인다. 또한 장어, 미꾸라지와 같이 종교적으로 부정하다 여겨지는 뱀의 이미지와 연결되는 것도 부정하다고 여긴 이유일 것이다. 정확한 이유는 알 수 없지만 위생과 정결의 개념이 정하고 부정한 것의 기준으로 보인다.

팔레스타인 지방에서 아주 오래 전에는 돼지도 허용되었으나 나중에는 돼지가 가장 부정한 짐승으로 여겨졌다. 그것은 이 지역의 기온이 높아지고 점점 건조해지는 사막화 현상이 심해지면서 기름기가 많은 돼지고기 등은 빨리 부패해 식중독 등을 일으키기 쉬웠기 때문이다. 그래서 돼지는 금기대상이 되었다고 한다. 다른 희생제물 중에도 부패하기 쉬운 기름기 등은 부정한 것으로 금기대상이다.(레11:22-27)

완전히 태워버리는 번제의 제물에도 위생의 관점이 개입 되었다. 피나 기름기는 번제의 대상이다. 기름이 꺼질듯한 불에서 갑자기 맹렬히 타오르는 불길이 되는 것은 하나님께서 그 제사를 받으셨다는 종교적 상징으로도 작용하였다. 내장 역시 번제의 대상인데 소화되지 않은 음식이 남아있는 내장은 위생의 관점에서 금기의 대상이 되었다.

또한 피흘림이 부정하게 여겨지는 것도 마찬가지였다. 피 안에 생명이 있다고 여기는 종교적 의식은 생명을 소중하게 여기는 사상과 연관되어 피가 금기의 대상이 되었고, 따라서 피는 먹지 않고 제단에 뿌렸다.(레1:11, 15:19-30, 17:10-14) 여자가 피를 흘리거나 남자의 몸이나 성기에서 고름이 흘러나오면 이는 모두 부정한 것으로 여겨졌으며 접촉하면 역시 부정하게 된다.(레15:1-15) 남자가 정액을 흘리는 것도 일정 기간 부정한 것으로 여겨졌다.(레15:16-17)

거룩한 시공간

이스라엘인들은 하나님의 현존이 드러나는 시간과 공간을 거룩하게 여겼다. 회막 밖과 회막 안은 엄격하게 구별되었으며 회막 안에서도 거룩한 정도가 나눠진다. 휘장 안쪽의 거룩한 곳은 지성소라 불려 아무나 들어갈 수 없다.(레16;2) 하나님이 계시는 장소인 지성소는 대제사장만이 들어갈 수 있었는데, 한 해에 단 한번 특별한 절차를 거쳐야만 했다.

'시간'도 거룩했다. 안식일, 때에 따라 정해진 절기등은 거룩하다. 처음에 이스라엘은 성전이라는 공간을 기준으로 거룩함을 나타내었으나 포로기 이후 성전은 파괴되고 이방 땅에 잡혀온 신세가 되자 이들이 거룩함에 대한 기준을 시간의 축으로 옮겨 안식일과 절기 등을 거룩의 기준으로 여기게 되었다.

또한 거룩한 시간과 거룩한 장소는 공적인 성격을 지닌다. 이스라엘 전체가 기념하여 지키는 절기나 축제는 모든 백성이 지키는 공적인 시간이며 가장 거룩한 공간으로 여기는 성전도 가장 공적인 장소이다. 이들은 가장 공적인 특징을 가지는 장소와 시간을 거룩한 곳으로 삼았다.

거룩함과 관계회복

거룩함은 관계 회복이었다. 이것은 이스라엘의 거룩함에서 가장 중요했는데 사람들 사이의 관계를 회복해서 공동체성을 지켜가는 것과 하나님과의 관계를 복원하는 두 가지 측면이 있다.

화목제나 속건제는 성격상 공동체를 복원하는 기능이 강한 제사이다. 제사로 소외된 사람들을 배불리 먹이고 음식을 나누거나 피해를 입힌 사람과의 관계를 회복할 때 거룩함은 회복된다.

근친상간(레18:1-18, 20:11-21)은 철저히 금지되며, 이웃의 가속관계를 훼손하는 성적인 범죄(레18:20, 20:10), 남성간의 성관계(레18:22, 20:13), 짐승과의 교접(레18;23, 20:15-16)도 거룩함을 훼손하는 죄로 금기시하는데 이는 가까운 가족이나 친척의 관계나 공동체를 파괴하기 때문이다.

그날 음식은 그날로 다 먹으라

구약성경에는 음식에 관한 특이한 규정이 있다. "그날로 다 먹으라"는 것이다. 레위기에만 3번 나오고 출애굽기에 만나와 메추라기 사건에도 나온다. 이런 반복되는 규정은 무슨 의미일까?

그날 바친 고기는 그날로 먹어야 하고 다음 날 아침까지 남겨두어서는 안된다는 규정은 화목제에도 적용된다. 화목제는 다른 제사와는 달리 제사음식을 남종이나 여종, 성읍에 있는 고아, 과부, 가난한자, 이방인을 초청하여 함께 나누는 식사였다.

레위기는 모두가 음식을 나누는 화목제에 대해서 이러한 원칙을 고수한다. 고기를 먹을 때 이튿날까지 남기지 말고 그날로 다 먹으라고 하거나(레7:15, 22:30), 서원제물이나 자원제물은 드리는 날과 이튿날에 먹고 셋째 날까지 남았거든 불사르라고 한다.(레17:16-17, 19:6-8) 이렇게 다른 두가지 버전이 있는 것은 아마 그날로 먹으라는 조항이 매우 지키기 힘들어 현실을 감안한 조건완화가 이루어 진듯하다.[14] 그만큼 현실적으로 어렵지만 원칙적인 정신을 강조하며 지켜나가려고 했던 양보 할 수 없는 중요한 뜻이 있기 때문이다.

> "날 지난 제물을 먹는 사람은 누구나 벌을 면치 못한다. 나 주에게 바친 거룩한 것을 그가 더럽혔기 때문이다. 그런 사람은 자기 백성에게서 끊어질 것이다(레19:8)"

이러한 규정은 물론 부패를 방지하는 위생에 관련된 성격도 있겠으나 모두가 함께 나누는 목적의 화목제에서 누군가 다음 날 것을 챙겨간

---

14) Martin Noth, 『레위기』국제성서주석(서울: 한국신학연구소, 1984), 77쪽.

다면 오늘 나눌 것이 없을 것이다. 그러므로 그날 바친 고기는 그날로 먹으라고 하신다. 그래야 거룩함을 이루는 것이다. 나눔을 위반하고 혼자서 두고 먹느라 날 지나 제물을 먹는 사람은 거룩한 것을 더럽힌 것이 된다.

내일은 하나님의 날이다. 내일은 하나님을 믿는 믿음 안에 두어야지 그것을 내 손안에 웅켜 쥐려고 한다면 우리는 영원히 염려하는 삶이 되고 만다. 예수님께서는 이것을 "내일 일을 걱정하지 말아라. 내일 걱정은 내일이 맡아서 할 것이다(마6:34)"고 하셨고 "우리에게 일용할 양식을 주옵시며"(눅11:3)라고 기도하라고 가르쳐 주셨다.

들어 올린 제물(거제)과 흔든 제물(요제)

제사장과 그의 가족이 먹는 제물은 들어 올려 흔들어 바치는 제물이었다. 곡식제물에서는 가루에 누룩을 넣지 않고 과자모양으로 드리며 짐승의 경우 뒷다리와 갈비를 드린다. 이것을 제단 앞에서 높이 치켜듦으로써 야훼께 봉납한다.

한편으로는 제단에서 사적으로 제물을 취하지 않고 모두가 볼 수 있게 번쩍 들어 올려 흔들어 취함으로 공적 성격을 강조한다. 거제와 요제로 드리는 제물은 제사장의 몫에 해당하기 때문이다. 제사장이 사적으로 취하지만 이는 공개되어야 하고 모두가 알 수 있어야 한다. 사적으로 은밀한 곳에서 제사장의 몫을 챙기도록 하면 부정이 생기고 제사장의 사욕으로 제사가 훼손될 수 있기 때문이다.

흔든 가슴과 들어 올린 뒷다리는 너와 네 자녀가 너와 함께 정결한 곳에서

먹을지니 이는 이스라엘 자손의 화목제물 중에서 네 소득과 네 아들들의 소
득으로 주신 것임이니라(레10:14)

그 들어 올린 뒷다리와 흔든 가슴을 화제물의 기름과 함께 가져다가 여호와
앞에 흔들어 요제를 삼을지니 이는 여호와의 명령대로 너와 네 자손의 영원
한 소득이니라(레10:15)

속죄제와 속건제의 경우 제사장이 제물을 나누어 가질 수 있지만 그
것은 회막을 친 뜰안, 거룩한 곳에서만 먹어야 한다.(레 6:26, 7:6) 그것
은 제사장마저도 집에 가져가지 못하고 성소 안에서 먹어야 하는 제물
이기에 '가장 거룩한 제물'이라고 한다.(레 6:25, 7:1) 이것은 거룩하다
는 의미가 가장 공적인 의미, 나눔과 관계된다는 것을 말해준다.

제물이 거룩한 것은 물질이 개인의 울타리에서 나와 공적인 영역으
로 와서 모두에게 나누어지기 때문이다. 이로써 알듯말듯한 거룩의 의
미가 분명해 진다. 거룩함의 의미는 가장 공적인 것이다. 제물은 사적
인 영역의 물질을 공적 영역으로 가져오기에 거룩한 것이 된다. 그러나
제사장이 가져가는 몫은 공적 제물을 다시 사적 영역으로 가져가는 것
인데 그럴 때라도 들어올리고 흔들어 최소한의 공적 절차를 밟는 것이
다. 제사장이 가져가는 몫 중에도 "더욱 거룩한 제사" "가장 거룩한 제
사"는 공적 장소인 회막 안에서만 먹는 제물이다.

하나님과의 관계회복

하나님께 희생제사를 드리는 이유는 죄로 가로막힌 하나님과의 소

통을 다시 트기 위한 것이다. 속죄제는 자신의 죄를 속하는 것이지만 그로인해 하나님과의 관계가 회복된다. 속건제는 타인과의 관계회복을 위한 것이지만 피해보상 전에 먼저 하나님께 제사를 드려서 우리의 범죄로 인해 막혔던 하나님과의 관계를 복원한다.

그것은 사람의 참된 삶은 생명의 근원이신 하나님과 교제하는 데에만 있기 때문이다. 하나님과의 교제가 끊어지고 자신만을 위해 살고 자신을 하나님께 내놓지 않는 사람은 스스로 생명의 근원에서 떨어져나간다. 자신의 가장 귀한 것, 가장 소중한 것을 하나님과 나누는 것이 제사의 정신이라면 사람은 제사를 드림으로써 이미 빠져있던 이기적인 폐쇄성에서 벗어나 하나님과 교제하며 사는 삶으로 돌아온다.

제물의 정신, 제물의 신학

번제는 짐승을 불에 태워 하나님께 향기를 드리는 제사였다. 이스라엘의 모든 제사에는 번제가 포함되어 있다. 곡식제사에도 한줌을 상징적으로 번제로 드려야 나머지 제물을 제사장도 먹을 수 있게 된다. 화목제, 속죄제, 속선세에서도 피는 흘려보내고 기름기나 내장을 번제로 드려야 제사가 성립된다. 번제는 비록 모두 불태워 아무것도 남기지 않는 제사였지만 제사중에 가장 중요한 요소이다.

그런데 이스라엘 사람들이 꾀를 내었다. 어차피 불에 사를 제물이니 눈먼 것이나 상한 것이나 지체에 베임을 당한 것이나 종기가 있는 것이나 습진 있는 것이나 비루먹은 것(피부병이 있는 것)을 드렸다.(22;22, 24) 말라기에도 도둑질 한 것(죽은 것으로도 해석)이나 저는 것, 병든 것을 드리지 말라(말1:13)는 말이 나온다. 이런 것은 온전하지 못한 제물이다.

현대적 생각으로는 불에 사를 것이라면 오히려 오래 살지 못할 짐승을 제물로 드리는 것이 합리적이다. 그러나 성경은 그것은 온전치 못한 제물이라며 엄격히 금한다. 왜 그럴까? 제물은 소나 양같이 단순히 불에 살라 없어지는 것에 있지 않다. 보다 근본적인 제물은 그것을 바치는 인간의 마음에 있다. 자신의 가장 소중한 것, 가장 귀한 것을 아낌없이 하나님을 위해 내어 놓은 마음이 가장 중요한 제물이지 규정에 따른 물질이 제물이 아니다. 그래서 오히려 불에 살라 바치는 번제일수록 더욱 소중한 것을 바쳐야하고 그러기에 더욱 거룩하다고 하는 것이다. 제사는 제물을 드리는 것이 아니라 마음을 드리는 것이기 때문이다. 마음은 눈으로 보이지 않지만 그것은 오히려 가장 소중하고 값진 것이다. 제물이 어찌 쓰이는가는 하나님께서 하실 일이고 바치는 사람은 가장 귀하게 준비해야한다. 그렇게 할수록 마음을 드리는 더욱 귀하고 값진 제물이 되는 것이다. 그것이 제물의 정신이며 제물이 가지는 신학이다.

예수는 모든 율법을 하나님 사랑과 이웃사랑으로 요약(마22:37-40)하셨는데 이것이 바로 레위기의 제사 정신이며 예수님께서 "네 이웃사랑하기를 네 자신과 같이 사랑하라"(19:18)는 말씀은 레위기를 인용한 것이다. 참된 제사는 제물이 아니다. 제물보다는 참된 사랑이어야 한다. 사랑하는 마음은 모든 '율법과 선지자'(당시의 성경을 이렇게 부름)에 앞서는 정신이요 으뜸이 되는 강령이다.

거룩함의 의미

레위기에서 거룩한 것과 거룩하지 못한 것을 나누어 가는 과정을 보노라면 나누고 구별한다는 뜻이 얼른 눈에 들어온다. 자칫하면 구별해 내는 과정자체가 목적으로 여겨진다. 구별하는 과정은 참된 것을 찾아가기 위함이지 그 자체가 거룩하다고 여겨지는 것은 아니다. 그러면 거룩하다는 것은 무엇을 말할까?

거룩한 것은 하나님의 현존과 관련되어 있다. 구별된 장소, 구별된 시간, 성소와 관련되고 하나님의 임재나 현존과 관련된 것이 거룩한 것이다. 그분의 빛과 영광이 거룩이지 구별하는 행위 자체가 아니다.

호세아 11:9은 "내가 다시는 에브라임을 멸망시키지 않겠다. 나는 하나님이요, 사람이 아니다. 나는 너희 가운데 있는 거룩한 하나님이다. 나는 너희를 위협하러 온 것이 아니다"라고 한다. 여기서 거룩한 하나님이라고 자신을 소개하는 분은 창녀인 고멜을 다시 불러오는 사랑(헤세드)의 하나님이다. 본래 율법은 "제사장은 부정한 창녀나 이혼당한 여인과 결혼해서는 안된다."(레21:7)고 규정한다. 그렇다면 거룩의 개념의 변화가 이루어진 것으로 볼 수 있다. 호세아는 과거의 거룩에 대한 전통을 보다 더 심오한 차원으로 해석하고 있다.

또한 이사야는 하나님의 거룩을 대할 때 비로소 자신의 죄악을 의식하였다.(사6:3-8) 하박국은 "하나님은 눈이 정결하시므로 악을 차마 보지 못하시며 패역을 차마 보지 못하신다"(합1:13)고 한다. 이러한 예들은 거룩을 구별로 보기보다는 영광이나 빛과 연결시켜 보는 것이 훨씬 자연스럽다.

구약성서학자 H. 링그렌도 "어떠한 것이나 어떠한 사람도 그 자체로서는 거룩하지 않고 다만 그것이 하나님과 관련되어지는 경우에 있어서만 거룩하게 된다"고 한다.[15] 아이히로트도 "거룩에 대한 구약의 정

---

15) H. 링그렌, op.cit., p.9.

의의 특이성은 그것의 높은 도덕적 표준이 아니라 그것이 관련을 맺고 있는 하나님의 인격적 특성에서 찾을 수 있다"고 했다.[16] 레위기의 핵심 어구인 "나 주가 거룩하니, 너희도 거룩해야 한다"(레19:2, 20:7,26)도 주님의 현존과 관련된 뜻임을 알 수 있다.

루델프 오토는 존재를 흔드는 어마어마한 신비(mysterium tremendum)에 대해서 '멀리 외딴 곳에 있어서 침범할 수 없지만 동시에 우리의 일상세계에 파고드는 매혹적인 힘에 대한 어리둥절한 느낌'이라고 말한다. 이것은 우리의 평가와 이해를 초월한 힘이고 구분과 나눔을 초월하는 것이다. 인간의 모든 구분과 분리가 사라지고 예배의 충동을 일으키는 감정과 신비함이다.[17]

성경에서 거룩이라는 말씀이 첫 번째 언급되는 것은 레위기와 같은 저자인 제사문서(P)의 작품에서이다. "하나님이 그 일곱째 날을 복되게 하사 거룩하게 하셨으니 이는 하나님이 그 창조하시며 만드시던 모든 일을 마치시고 그 날에 안식하셨음이니라.(창2:3)"라는 말씀이다. 하나님께서 창조하신 모든 피조물이 고르게 평화를 누리고 서로 조화를 이루어야 비로소 하나님의 안식이 가능하다. 창조의 완성은 엿새 동안 이루어진 것이 아니라 바로 마지막 날의 창조인 '하나님의 안식'이 이루어질 때라야 완성된다. 그러므로 하나님의 안식은 곧 모든 피조물의 평화로운 안식, 즉 '하늘과 땅의 안식'을 동반해야 가능하다. 바로 그런 상태를 하나님은 '복되다'고 하시며, '거룩하다.'고 하신다.(창2:4)

이영재는 성서의 초두에 있는 일곱째날의 안식일 제정사와 상응하여 "주께서 예레미야를 시켜서 '땅이 칠십년 동안 황폐하게 되어, 그

---

16) A.S. Wood. op. cit., p.407.

17) J. Muilenburg, op.cit., p.616.

동안 누리지 못한 안식을 다 누리게 될 것이다'하신 말씀이 이루어졌
다"(대하36:21)고 하는 전 이스라엘의 역사를 마감하는 구절에서 다시
한번 안식일 주제가 나온다는 것에 주목한다. 그는 성서는 안식일 주제
로 열고 닫는다고 한다. 이렇게 히브리성서가 처음과 끝이 공히 안식일
사상으로 장식되어 있는 것은 그냥 지나칠 일이 아니며 성서는 안식일
을 통하여 종말의 희망을 선포한다고 한다.[18]

거룩을 공(公)의 개념으로 해석할 때 가장 걸림돌이 될 수 있는 것은
거룩이 가지는 분리의 성격(remoteness)때문이다. 하나님을 보면 죽는
다든가 인간이 가까이 다가서는 것을 금기하는 것이다. 야훼께서 시내
산에 하강하는 순간은 산에 손을 대어서는 안되며 누구든지 손을 대면
죽는다.(출19:12,13, 20-24) 그러나 이것은 인간이 하나님에게 속하는
것을 사사로이 쓰지 못하게 하는 터부에 관계된 것이다.[19] 하나님을 분
리하는 것은 하나님을 사유하지 못하게 하는 거룩함이 가지는 공적 성
격의 또 다른 반대편의 강조점일 뿐이다.

우리가 위에서 살펴본 것을 종합하면 거룩함을 구별하는 용례에서
거룩함이 위생과 관련되는 것을 살펴보았다. 위생이란 가장 공적인 영
역이다. 누구 하니기 소홀히 하여 부정한 음식을 잘 못 대했을 때 수많
은 사람의 목숨이 위태로워 질 수 있다. 거룩함이 시공간과 관련될 때
에도 거룩한 장소, 거룩한 시간은 사적영역이 아니고 지극히 공적인 영
역이다. 거룩함이 이웃과 하나님과의 관계회복을 나타내는 것도 공적
인 것을 회복하기 위한 것이다 사람은 홀로 떨어져 살 수 없다. 모두 함
께 더불어 살아야 하는데 거룩은 바로 이 함께 살아가기 위해 가장 필

---

18) 이영재, 『토라서론Ⅰ』 서울 : 삼원서원, 2011, 86.
19) J.Muilenburg, op.cit., p. 618.

요한 원칙들의 밑바닥에 있다. 때로는 엄격한 금기로 때로는 적극적인 권유로 공(公)을 유지하고 지켜나가기 위한 것이다. 거룩은 통전성, 온전성이 유지되는 영역이며 그곳은 온전하신 하나님께서 임재하시는 영역이다. 하나님과의 소통을 통하여 모든 관계가 다시 회복되고 우리가 본연의 모습으로 돌아가 본래적인 인간성을 회복하는 기본이고 전제가 거룩이다.

희년의 선포

레위기가 거룩함에 대해서 서술하는 결말은 대속죄일(레 16장)에 모아진다. 대 속죄일에는 온 백성이 정결해지기 위해 구체적인 율례를 선포하는데 이를 위해 모세가 성결법전(레17-26장)을 선포하는 형식으로 제시된다.

대속죄일에 대제사장이 속죄 의식을 하는 것은 자신은 물론 이스라엘 온 백성의 죄를 대표하여 속죄하는 것이다.(레16:17, 34) 대제사장도 지성소에 들어가기 위해서 자신을 정화하는 속죄제물을 드리고(레16:3이하) 특별한 의복을 입어야 한다.(레16:4) 회막마저도 정화해야 한다.(레16:16) 그것은 부정을 탄 백성들이 드나들어 그 회막도 부정을 탔기 때문이다. 지성소안에 제단의 뿔과 제단도 피로써 정화해야한다.(레16:18-19) 히브리서 저자는 이를 예수 그리스도의 피가 단번에 모든 죄를 속죄했다고 이해한다.(히9:1-10:18)

대제사장은 살아있는 숫염소의 머리에 두 손을 얹고 이스라엘 자손이 지은 온갖 악행과 죄를 자백하여 그 염소에 머리에 씌운 다음 이를 광야로 추방하여 죽게 한다. 요한은 이런 행위를 예수에게 비유했다.

예수를 가리켜 "보라, 세상 죄를 지고 가는 하나님의 어린양"(요1:29.
36)이라고 했다.

그런 후에 대제사장은 성소 안의 물로 목욕하고 거룩한 옷을 입은
다음 그 백성을 위한 속죄제물을 드린다. 이런 속죄행위는 일곱째 달
(티스리월 양력 구월) 열흘날에 행해지는 속죄예식이다. 유대인들은 지
금도 이날을 가장 큰 명절로 지키며 모두가 참회하는 날로 삼는다.

그런데 희년을 선포하는 날짜가 바로 "일곱째 달 열흘날 속죄일"이
다.(레25:9) 이날 뿔 나팔을 불어 전국에 자유를 선포한다. 파종하지 말
고 스스로 난 것을 거두지 말아 짐승이나 가난한 자들의 몫이 되게 함
은 물론 노예를 풀어주고, 빚을 탕감하고, 저마다 자기 소유지로 되돌
아가게 하는 대 사회적 해방령이 선포되는 것이 바로 대 속죄일에 행하
는 속죄행위이다. 그 속죄행위의 구체적인 내용이 희년의 실천이다. 이
것은 뒤집어 이야기하면 희년의 대사회적 해방 없이는 속죄가 이루어
질 수 없다는 뜻이다. 희년에 해야 할 일들이 바로 거룩함을 이루는 일
이다. 성경은 "이는 희년이니 너희에게 거룩함이라"(레25:12)라고 선언
한다.

레위기 17장부터 25장을 이우 구스토 클로스터만의 제안에 따라 "성
결법전"이라고 부른다. 이것은 이 백성에게 "성결'을 요구하는 야훼의
말씀이 관용적인 종결문으로 나타나기 때문이다.(19:2, 20:7, 26, 21:6-
8, 15, 23, 22:9, 16,32) 성결법전은 물론 사제들이 집성한 법전이므로
제사법에 관한 것이 중심인데도 신명기 법전에 병행되는 인도적인 법
들이 다수 언급되기도 한다. 추수법, 품삯을 주는 법, 장애인에 대한
법, 재판법, 이방인에 대한 법, 상거래에서의 정의 등이 언급되는데 이
것은 거룩함을 이루는 조건들이기 때문이다.

한국교회와 거룩

우리는 레위기의 중심을 이루는 거룩의 의미에 대해서 살펴보았다.
거룩은 그 용례상 공적인 영역을 의미한다. 가장 공적인 것들이 지켜져
야할 필수적인 위생의 영역, 사적인 공간을 벗어나 공적으로 만나고 접
하는 시간과 장소, 죄로 인해 막히게된 인간과 인간의 단절, 인간과 하
나님과의 단절을 풀고 다시 소통할 수 있게 하는 조치들이 제사이며 제
사를 통해 다시 하나님과의 관계, 이웃간의 관계를 회복하여 공(公)을
회복하고 공동체를 공고하게 하는 원칙이 거룩이다.

이렇게 거룩의 의미가 차별과 구별에 있지 않고 통합과 온전성 그것
도 하나님의 현존과 임재와 관련이 있다는 것을 밝힘으로서 거룩이 가
장 공(公)적인 것을 완성하는 개념이라는 것을 보았다. 희년은 인간이
막아 놓은 것들을 일시에 풀어놓는 하나님의 대 해방의 사건이며 동시
에 하나님의 거룩하심을 회복하는 사건이다.

오경과 레위기의 중심 과제인 거룩함을 추구하는 것은 전 세계의 교
회들이 추구하는 공동의 이상이다. 특히 보수적인 경향의 한국교회가
거룩을 분리와 구별의 의미로만 받아들여서 가장 거룩한 것은 속세, 세
상과 분리되고 우리의 일상이나 삶에서 분리됨은 물론 주변의 이웃과
도 분리되고 차별되는 영역으로 생각하여 왔다. 그래서 보수적인 신앙
을 갖게되면 개인적으로 경건하지만 이웃을 차별하고 홀로 독선적인
위치에 올라서며 세상과도 분리되는 영역에서 종교적인 경건과 거룩함
만을 추구하는 형태로 잘못 받아들였다. 이것은 가장 공적 거룩함을 잘
못 이해하는 데서 오는 오류이다.

최고의 거룩함을 추구하는 레위기는 가장 거룩하고 경건한 것은 일
체의 사적인 것이 절제되고 가장 공적인 영역에서 정의롭고 평화로우

며 모두에게 하나님의 은총이 고르게 미치는 상태를 말하며 개인적으로도 하나님과 완전한 소통이 이루어지고 사회 안에서도 희년의 사회적 개혁과 혁명적 공의가 실현되는 상태를 말한다.

예수께서 자신의 공생애의 제일성(第一聲)으로 외치신 희년은 그의 하나
님 나라의 교훈으로 평생을 강조하셨지만 아직 우리들에게 하나님 나라
와 희년은 멀기만 하다. 이 희년을 우리들은 어떤 마음으로 임해야 할까
를 생각해 보자.

내 안에 희년

"주의 영이 내게 내리셨다. 주께서 내게 기름을 부으셔서, 가난한 사
람들에게 기쁜 소식을 전하게 하셨다. 주께서 나를 보내셔서, 포로 된
사람들에게 자유를, 눈먼 사람들에게 다시 보게 함을 선포하고, 억눌
린 사람들을 풀어 주고, 주의 은혜의 해를 선포하게 하셨다." 예수께서
두루마리를 말아서, 시중 드는 사람에게 되돌려 주시고, 앉으셨다. 회
당에 모인 모든 사람의 눈이 예수에게로 쏠렸다. 예수께서 그들에게 말
씀하셨다. "이 성경 말씀은 너희가 듣는 가운데서 오늘 이루어졌다(눅
4:18-21)

희년은 속죄의 결과이다

가장 기본적인 희년의 조치는 속죄를 완성하는 조치에 속한다. 레위
기의 성결법전에 선포되는 사회적인 혁명의 법들은 하나님께서 거룩하
신 것 같이 우리도 거룩하게 되기 위한 조치이다. 희년은 이 법의 결론
부에 해당하며 대속죄일에 속죄에 대한 최종 응답과 결론으로 선포한
다. 희년의 사회 경제적인 조치들은 우리가 하나님께 받은 용서에 대한

응답이며 그 기본은 속죄, 나 스스로를 용서하고 용서받는 것이다.

그러기에 희년은 내 마음 속에 맺혀진 모든 응어리를 푸는 것이며, 잘못된 것을 제자리에 되돌리는 것이다. 놓아줄 것을 놓아주고 회복시킬 것을 회복시키고 풀어주는 것이 희년이다.

어떤 사회적 조치이전에 우리가 가해자의 입장에 있다면, 먼저 회개와 참회의 사건이 일어나야 한다. 때로 우리는 억압 받으면서도 동시에 억압하는 위치에 있을 수 있다. 사회적인 약자이지만 가부장적 권한을 남용하는 가장일 수 있다. 이렇게 우리에게 억압과 피억압은 한 개인에게도 중첩적으로 나타날 수 있다. 반면 억눌려 있는 사람은 스스로를 풀어주고 용서하고, 자기 스스로가 정죄하여 눌러 놓았던 마음을 자유롭게 해야 한다.

희년은 되돌린다는 뜻이다. 어머니에게 되돌리고, 원래의 상태를 회복한다는 뜻이다. 그래서 한사람 한사람의 고귀한 존재를 본래의 자리로 되돌리고 회복하는 것이다. 세계를 구원할 것은 때묻지 않은 맑은 생각이다. 사물을 있는 그대로 보는 공정한 눈을 회복하기 위한 것이 희년의 정신적 기반이고 우리가 사회적 조치들 이전에 속죄를 하는 이유이다.

희년은 하나님의 능력이 개입하는 사건

누가 본문은 예수님께서는 이사야 61장을 인용하여 자신의 공생애를 성격을 희년의 실천이라고 선포하셨다. 그러나 자세히 비교해보면 예수님의 은혜의 해는 이사야에는 없는 "눈먼 사람에게 눈 뜸을 선포하고"라는 치유사건이 추가된다.

희년은 사회경제적 혁명이다. 그러기가 매우 어렵지만 인간의 결단으로 사회적 제도를 바꾸면 되는 것이다. 그러나 예수님의 희년은 병의 치료 즉, 인력으로는 안 되는 상황을 추가한다. 눈먼 사람이 눈 뜨게 하는 일은 기적이 일어나야 가능하다. 인간의 힘으로는 불가능하다. 그러므로 예수님께서 선포하신 희년은 단순한 인간의 제도개선을 뛰어넘어 하나님의 주권적 개입이 이루어지는 사건을 말한다. 인간의 노력, 성취의 영역 밖에서 하나님께서 능력으로 임재해 오시는 사건이 예수님의 희년이다. 이제 새로운 세상을 인간의 능력에만 맡기지 않겠다. 우리들의 힘으로는 불가능한 사건을 하나님께서 이루어 내시겠다고 하는 전환의 의미가 그 안에 있다.

희년은 믿음을 회복하게 해준다

오십년 마다 오는 희년이나 칠년마다 오는 안식년은 모두 믿음이 없이는 할 수 없다. 한해 생산 활동을 멈추고 쉰다는 것은 매우 힘든 결단이다. 한해를 쉬는 것으로 그 사람은 굶을 수도 있고 가족이 고통을 당하거나 죽을 수도 있다. 그런데 무엇을 믿고 봄이 되었는데도 파종을 하지 않는단 말인가? 때를 놓치면 한해가 망가지는데 … 봉급장이가 7년에 한 해씩은 쉬라든가, 한해는 일하지 말라든가, 아니면 일은 하되 봉급을 자기가 쓰지 말고 남을 돕는데 쓰라고 한다면 그것이 얼마나 어려운 일인가? 농부가 희년의 휴경에 참여하는 것은 그 안에 믿음이 있어야 한다. 봄이 되면 어서 파종하라고 대지의 기운이 농부를 부르고, 봄 햇살이 부르고, 계절이 바뀌어 달라진 새소리가 불러낸다. 그런데 파종을 하지 않고 쉬려면 굉장한 용기가 필요하다. 다른 사람들이 응하지 않으면 희년이고 뭐고 아무것도 아닌데다가 잘못하면 자기 가족만 굶게 되는 상황을 맞이할 수 있다. 희년의 참여는 굉장한 믿음이 필요하다.

　본문의 21절 말씀에서 예수님께서는 "이 성경 말씀은 너희가 듣는 가운데서 오늘 이루어졌다."(새번역)고 하신다. 예수님의 선언은 갑작스러운 것이었다. 그 시대에 희년에 대한 예언이 이루어 졌다는 징후가 아무 것도 없는 때였다. 그들을 지배하고 있는 로마의 힘이 쇠약해 졌다든가 민족적으로 어떤 희망의 사건이 보인다든가 하는 기대할 만한 징후는 전혀 없었다. 오히려 가장 암울한 시대적 징후 가운데서 예수님은 오셨다.

　예수님 시대는 가장 혹심한 상황이었다. 기근과 천재지변, 로마의 가혹한 착취, 유대 지도자들의 교만 속에서도 백성들은 누구하나 위로해 줄 사람 없이 단지 죄인으로 정죄받는 상황이 당시 민중의 삶이었다. 당시는 로마의 최전성기인 7황제의 한복판을 지날 때였다. 민중을 착취하는 로마 군대가 가장 활기차게 움직이고 조금만 불손한 태도가 보이면 누구나 십자가형에 취해지는 암울한 시대였다. 예수님께서는 도대체 무슨 징조를 보시고 희년의 예언이 '이 성경 말씀은 너희가 듣는 가운데서 오늘 이루어졌다'고 선언하신 것일까?

　예나 지금이나 이 세상에 악을 행하는 자들은 힘이 있는 것 같이 보인다. 그들은 불의한 재물을 모아 더 불의 한 권력을 창출하며 그들이 가진 힘으로 세상을 누르려고 한다. 그런데 거기에 희생당하고 아우성 치고 있는 우리들의 힘은 너무 보잘 것 없다. 언제까지 외쳐야 되는가 대책이 서지 않는다. 의로운 생각을 가지고 연대하는 사람들은 힘있고 세련된 몸짓으로 억누르는 자들에 비해 왜 이렇게 왜소하고 보잘 것 없는 모습을 하고 있는지? 우리는 스스로 위축되고 수없이 자신을 왜소하다고 느낀다.

아직 희년의 성취로 보이는 징후가 밖으로는 아무것도 보이지 않는다. 예수님 때나 지금이나 우리들은 여전히 희년의 징조들을 밖에서 찾는다. 그래서 여전히 좌절하고 실망하면서 스스로 제풀에 꺾여 낡은 시대에 길들여진 삶을 살아간다. 우리는 매일 믿음을 이야기 하지만 정말 우리 안에 믿음이 있는가? 새삼스럽게 불신을 살아가는 자신을 발견하게 된다.

그러나 오늘 이 예수님의 선언은 우리의 내면을 향한다. 우리들의 내면을 보자. 거기 희년의 징조들이 보이는가? 그러면 희년은 오늘 이 자리에서 이루어지는 것이다. 보이지 않는가? 그러면 앞으로도 아무런 변화도 일어나지 않을 것이요. 희년은 우리와 상관없는 일이 되고 말 것이다. 희년의 성취는 예수님 자신의 마음과 각오 속에서 출발했다. 그분은 마음에 품은 불꽃을 믿음의 눈으로 보고, 그렇게 선언하고, 그렇게 살았다. 그의 내적 확신이 가장 확실한 시대적 징후이다. 낡디 낡은 시대에 길들여진 군상 가운데서 새 시대를 살아가는 사람이 나오자 세상이 당황해서 그에게 십자가를 지운 것이다.

오늘 우리에게 희망이 보이지 않을 지도 모른다. 그러나 가장 큰 희망의 징조는 우리 안에 있다. 예수님의 선언처럼 "아니다. 이 낡은 시대는 아니다."라며 새 세상을 선포하고 그렇게 살아가는 각오와 행동이 필요하다. 그것이 복음이다. 그런 각오와 선언 속에서 희년은 시작되는 것이며 그렇게 믿는 사람들을 통해서 새역사는 우리 앞에 펼쳐지게 될 것이다.

희년 선언의 말씀들이 여러분의 마음속에서 불타올라 예수님처럼 "오늘 이 말씀이 이 자리에서 이루졌다."고 선언할 수 있기를 바란다.